나는 노비로소이다

나는 노비로소이다 ── **소송으로 보는 조선의 법과 사회**

초판 1쇄 인쇄 2020년 7월 13일
초판 1쇄 발행 2020년 7월 22일

지은이 임상혁
펴낸이 정순구
책임편집 조수정
기획편집 정윤경 조원식
마케팅 황주영

출력 블루엔
용지 한서지업사
인쇄 한영문화사
제본 한영제책사

펴낸곳 (주)역사비평사
등록 제300-2007-139호 (2007.9.20)
주소 10497 경기도 고양시 덕양구 화중로 100(비전타워21) 506호
전화 02-741-6123~5
팩스 02-741-6126
홈페이지 www.yukbi.com
이메일 yukbi88@naver.com

ⓒ 임상혁, 2020
ISBN 978-89-7696-557-8 03910

나는노비로소이다

—————————— 소송으로 보는 **조선**의 **법**과 **사회**

임상혁 지음

역사비평사

차례

책을 펴내며

1

공동체의 내부적 대립이 정연하게 표출되는 현장으로 재판만 한 것이 있을까요. 법정에서 양 당사자는 서로의 정당성을 치열하게 다투면서 지극히 개인적인 불화를 표출합니다. 하지만 한편으로 그 모습은 우리 사회에 존재하는 갈등과 대결하는 가치관이 투영된 드라마이기도 합니다. 그래서인지 온 나라 사람들이 자신의 일인 양 관심을 갖고 지켜보는 소송도 드물지 않습니다. 재판을 둘러싸고 벌어지는 일련의 현상은 사회를 심층까지 이해할 수 있는 좋은 자료가 되기도 하는 것이지요. 이런 사정은 옛날에도 다를 게 없었습니다. 오히려 주된 판단이 서면에 터 잡아 이루어지고 법정의 절차는 거의 요식행위처럼 지나가곤 하는 지금의 소송에서보다는, 원고와 피고가 구술로 제 주장을 한껏 토해내던 조선시대의 송사에서 더욱 역동적인 모습을 찾아볼 수 있습니다.

이 책에는 노비소송이 나옵니다. 조선 전기에는 노비에 관한 송사가 매우 많았습니다. 임금이 넌더리를 낼 정도였지요. 그 까닭으로는 우선 천민의 수가 엄청났다는 점을 들지 않을 수 없습니다. 예전에 글쓴이가 강의를 하면서 학생들에게, 자신의 조상이 노비였던 분은 손들어보세요, 하고 묻기도 했습니다. 그러면 모두 까르르 웃을 뿐, 물론 손 올리는 사람은 한 명도 없습니다. 대체로 연구자들은 노비의 수가 전체 인구의 3분의 1이 넘었을 것으로 추정하며 3분의 2까지 보는 학자도 있다고 말해주면, 놀라는 기색이 완연합니다. 노예는 매우 중요한 재산이었습니다. 일생 동안 상전에게 재화와 노동을 바치는 알짜배기이지요. 이 시기 부의 척도는 거느린 노복들의 수였다고 할 수 있습니다. 명문대가라 불렸던 집안에는 수백 명의 노비를 자손에게 분배하는 상속문서들이 오늘날까지 전해옵니다.

이런 노비제 사회가 주인의 입장에서는 좋겠지만 노비들로서는 참으로 벗어나고 싶은 질곡의 굴레입니다. 그들은 틈만 나면 신분 해방을 꿈꾸어 수단을 가리지 않고 실행에 옮기려 합니다. 이데올로기와 제도의 억압이 치밀하다면 이런 사달이 적긴 하겠지요. 하지만 어느 세상에나 구멍은 있습니다. 조선 사회에서의 그러한 경제적 동기, 정치적 배경, 법제상 불비 등에 대한 연구도 여러 문헌에 터 잡아 이루어집니다만, 당시 법정의 자료는 그 관계 속에서 자유를 향한 인간 본성이 표출되는 모습을 무엇보다도 생생하게 보여줍니다. 1586년(선조 19)의 따뜻한 봄날, 나주 동헌 아래서 이지도와 다물사리가 벌이는 소송도 마찬가지입니다. 이 절차를 통해 당시의 체제가 빚어내는 반목 양태를 구체적으로 확인할 수 있습니다. 재판은 공동체의 얼개를 드러내는 괜찮은 현장이기도 하지만, 거꾸로 그 시대의 배경과 법률을 알지 못하면 당사자들이 벌이는 공방도 이해하기 힘들 수 있습니다. 그런 까닭에, 이들의 관계에 대하여 풀어가다 보면 자연히 조선의 법과 사회에 대하여 이야기하게 됩니다.

2

조선의 재판을 재료로 삼는 연구는 아직도 그리 많은 편이 아닙니다. 이는 인식이 미흡한 탓도 있겠지만, 자료의 부족에서 말미암는 면도 있습니다. 글쓴이가 전통시대의 민사소송에 대하여 연구하던 시절에는 법전과 실록의 기사에 의거한 제도사적 서술이 법제 연구의 주류를 이루었습니다. 그런 분위기에서 은사이신 박병호 교수님께서 조선시대의 판결문, 그리고 소송과 거래에 관련된 문서들을 발굴·활용하여 일찍이 선구적인 업적들을 내신 것을 보고는 그저 놀랄 따름이었습니다. 요즘은 고문서나 일기 등과 같은 일상의 원석들에 다가가서 역사학의 지평을 넓히는 것이 보편적인 경향이 되었지요. 하지만 글쓴이가 관심을 가진 임진란 이전 무렵은 이런 현장감 있는 유산이 그 이후에 견주어 턱없이 적게 전해지는 시기입니다.

자료의 가난은 우리 역사를 공부하는 이들이 흔히 겪는 일이고, 글쓴이도 고려시대의 재판을 고찰하면서 이미 충분히 경험했기에 그렇게까지 당혹스럽지는 않았습니다. 오히려 남아 있는 문헌들이나마 한껏 찾아내겠다는 노력은 마음 들뜨는 성과들을 안겨주기도 했습니다. 한 가지 들자면, 우리나라에는 한 종밖에 없는 16세기의 민사소송 실무 매뉴얼이 일본에는 여러 종류가 전해진다는 것을 알게 된 일입니다. 도쿄, 쓰쿠바, 나고야 등지의 도서관을 돌면서 그것을 확인할 때는 정말 가슴이 벅찼고, 이 자료들이 일본으로 유출된 계기가 임진란이라는 것을 규명하고는 안타까움도 느꼈지요. 이 자료들을 통해 소송과 법제에 대한 이해가 발전하는 모습뿐만 아니라 법학의 수준까지도 가늠해볼 수 있었습니다. 이후 이 서적들은 국내에 소개되어 자료로 활용되도록 하는 기회도 만들어졌습니다.

또 있었던 기쁨은 이 책에서 다루는 송사도 실려 있는 학봉 김성일 선생의 판결문들을 확인하게 된 일입니다. 근래에는 뜻있는 분들과 기관의 노력으로 고문서들이 지속적으로 발굴·소개되고 있습니다. 그 결과 조선 전기의 판결문도 대여섯 건 확인되는 성과 역시 이루어졌습니다. 하지만 생성 연대나 배경을 알기 어려운 문서들도 적잖게 나옵니다. 오랜 세월 때문에 종이가 낡아 판독하기 어려운 부분도 있고, 연도를 간지만으로 표기한 탓에 어느 갑자년인지 알 수 없기도 하지요. 낡은 판결문서들 중에도 이처럼 일부분이 떨어져 나가 시기나 출처를 알 수 없는 것들이 있습니다. 선학들의 연구에 힘입어 이들의 내용을 판독하고 분석한 결과, 다섯 건의 문서가 학봉 선생이 나주목사로 재직하면서 내린 판결문이라는 사실을 밝혀낼 수 있었습니다. 글쓴이의 연구를 도와줄 1차 자료가 곱으로 늘어난 셈이지요.

고문서들은 매우 드물게 한글로 된 것도 있지만 거의 한자로 적혀 있습니다. 그렇다고 이들에 쓰인 문장이 한문이라고만 말할 수는 없습니다. 많은 부분이 이두로 되어 있기 때문이지요. 그리고 판결문처럼 긴 글들은 빨리 적기 위해 초서로 썼습니다. 이 때문에 자료를 읽기 위해서는 한문은 물론이고 이두와 초서도 배워야 합니다. 이런 점들이, 소송 자료들이 잘 활용되지 못하게 만드는 한 원인이기도 하지요. 다행스럽게도 국사편찬위원회에는 이에 관하여 1년간 체계적으로 교육하는 연수 과정이 마련되어 있습니다. 대학원 수업과 독학으로 틈틈이 익히고는 있었지만, 이 과정을 수료한 것이 큰 도움이 되었습니다.

학위 논문을 위해 애쓰던 경험은 즐거웠던 기억으로 남아 있고, 힘들었다는 생각은 별로 떠오르지 않는군요. 오히려 법학도 같지 않게 나아가는 모습을 난감하게 바라보며 도와주시던 친지들이 걱정과 고생을 했지요. 하지만 일반적인 법학 전공자의 타이틀을 걸게 되는 일이 생겼습니다. 법제사를 담당한 은사님께서 정년 퇴임을 하시게 되었고, 제 사정을 이해하신 호문혁 교수님께서 민사소송법 전공으로 연구를 계속할 수 있도록 배려해 주셨습니다. 논문제출자격시험부터 바꾸어 치러야 하는 상황이 되었지만, 평소에 역사적 연구 방법이 실정법 연구에 실질적인 도움을 준다는 것을 확인시켜야 한다고 생각하였고, 법이론의 발달 과정을 규명하려는 의욕을 지니고 있었기 때문에, 기껍게 여길 수 있었습니다.

이처럼 보살핌을 아끼지 않으신 스승님들, 그리고 맘에 안 드는 쪽으로만 좇아가는 녀석을 오랫동안 참고 도와주는 가족들, 함께 공부하며 서로 힘이 되어주는 학우들, 따돌려진 듯한 분야를 더불어 탐구하는 연구자들, 여러 고마운 분들의 도움에 힘입어 학문의 마을에 발을 들여서 이제까지 걸어올 수 있었습니다. 학위를 취득한 뒤 주위에서 그것을 책으로 출간해 보라는 의례적인 권유를 받기도 했지요. 그때마다 책을 사실 듯한 분들한테는 이미 논문을 드린 탓에 사볼 사람이 없다며 웃고 말았습니다. 실제로 어느 출판사로부터는 '소송으로 보는 조선시대'라는 주제로 책을 내자는 강한 제의를 받았습니다. 일면식도 없으면서 제 글에 호감을 보인 고마운 이에게 죄송스럽게도 몇 차례나 고사할 수밖에 없었습니다. 아무래도 아직은 책 쓸 자질이 못 된다는 생각이었지요.

뜻밖의 제안을 받고 사양하면서도, 나중에라도 관련된 서적을 내게 된다면 어떻게 제목을 달아 구성하겠다고 구체적으로 그려놓긴 했습니다. 실은 이것이 지금 나오는 책의 토대가 되었습니다. 하지만 난치의 지병인 게으름은 그 구상이 실현되지 못하게 하더군요. 게다가 양의 머리를 걸어놓으면 양고기를 팔 수밖에 없어서, 현행 민사소송법을 배우고 가르치는 일이 글쓴이의 밥벌이가 되었습니다. 그렇게 세월이 흐르다가 글쓴이로서는 기가 막히고 어이없는 사건이 터졌습니다. 표절! 인터넷 서점에서 책을 찾다가 우연히 조선시대의 소송에 관한 책이 출간된 것을 보게 되었습니다. 그 저자는 평소에 그런 공부를 하던 이가 아닌 걸로 알고 있었기에, 의아하게 여기면서 책을 구매하였습니다. 배송 받아 펼친 순간, 아니나 다를까, 두 분 은사님의 저작과 글쓴이의 논문을 짜깁기한 내용으로 전체가 이루어져 있었습니다.

3

그때 마침 글쓴이는 절친한 연구자의 표절 사건을 도와주고 있었습니다. 도움을 청하러 찾아온 그 연구자에게 짐짓 버티는 태도를 보였더니 대뜸 이런 말을 하더군요. 어이 임 교수, 당신한테도 이런 일이 생길 수 있어, 그러지 마. 아주 악담을 하네, 하며 웃고서는 일을 봐주었는데, 그의 말은 예언이 되어버렸습니다. 그 연구자가 하던 한탄이 떠오르더군요. "내가 10여 년에 걸쳐 수백 건의 고문서를 일일이 판독해가며 한 고역을 단숨에 도려내가다니. 학술적인 내 논문의 내용을 풀어서 일반인들이 쉽게 이해할 수 있도록 한 것이면 기쁘게 받아들이겠는데, 오히려 앞뒤도 안 맞게 왜곡해버렸어. 참을 수가 없어서 차라리 내가 쓰기로 마음먹었어. 출판사하고 계약도 해버렸어."

그 연구자의 심정이 그대로 느껴졌습니다. 세 사람의 글들을 조각내 기워 붙인 그 종이뭉치에는 글쓴이의 딱딱한 논문보다는 대학교양서를 낸 일이 있는 은사님의 저작이 특히 많이 도용되었습니다. 그 좋은 비단옷에서 옷감을 떼다가 어찌 그런 누더기를 만들었는지. 내용이 상반되는 글들을 그대로 이어 붙인 것도 수두룩한 데다, 역사적 사실과 어긋나는 황당한 서술을 자신의 해설처럼 드문드문 써넣고도 있습니다. 이해하고서 편집하는 것이 아니니 그럴 수밖에 없겠지요. 차라리 잘 쓰기라도 했다면, 하는 한탄을 똑같이 하게 되더군요. 게다가 은사님이 채록한 것이어서 다른 민담집에는 나오지도 않는 이야기조차 '이런 전설이 전해진다'고 하는 등, 고유한 노작들을 떠다니는 글마냥 옮겨놓기도 했습니다. 더욱 아연한 것은 여러 곳에 읽을 만한 교양서로 추천까지 되고 있는 것입니다.

아! 그때 출판사로부터 제안을 받았을 때 써버릴 걸. 내가 안 쓰니까 이런 글들이 나와 스승님들께까지 누를 끼치는구나, 하는 생각이 들었습니다. 차라리 직접 쓰자는 마음이 똑같이 들어 펜을 쥐었습니다. 하지만 연일 밤을 새워가며 30쪽 남짓을 쓰고 나니 정말 진이 빠졌습니다. 오랫동안 직접 연구한 내용을 가지고 글 쓰는 것도 이리 힘드니 능력이 모자라긴 하는가보다 싶은 생각이 들었습니다. 손쉽게 집필 역량을 과시하는 누군가들이 차라리 부럽기도 했습니다. 홧김에 건드렸다가 후회하고서는 집필을 포기하였습니다. 그때 써놓은 부분은 동병상련의 연구자에게 재미로 보여주기도 했습니다. 그런데 좀 지나자 그 연구자의 책을 내기로 한 출판사에서 계약하자는 연락이 왔습니다. 사장님 왈, "선생님 같은 분은 서둘러 계약부터 하고서 압박하지 않으면 책이 나오지 않습니다." 실상은 옳은 말이어서 얼떨결에 계약을 했습니다. 그리고 다시 자판을 잡았습니다.

하지만 제 버릇은 개 주지 못해, 세월이 흘러 해가 바뀌어도 책은 나오지 못했습니다. 사장님은 더 독촉할 기운도 없을 지경이었지요. 그러는 사이에 그 연구자가 겪은 표절 문제는 학술지에 사죄 광고를 싣고 손해배상을 하는 것으로 합의되었습니다. 그러고도 또 시간이 지나 마침내 그 연구자의 책이 출간되었습니다. 초벌의 완성은 글쓴이가 훨씬 먼저였기 때문에 이 역전극에는 자극을 좀 받았습니다. 그러나 이처럼 마무리만 남긴 단계의 진행도 다시 해를 넘겼습니다. 굼뜬 천성은 어쩔 수가 없나 봅니다. 몸이 따라가지 못하면 그에 맞춰 생각도 해야 되는데, 글쓴이는 그러지도 못했습니다. 능력이 닿지 못하는 데를 열심히 쳐다보았습니다.

우선 글쓴이는 논문의 내용을 그대로 옮겨놓는 저술은 하지 않으려 했습니다. 그 내용과 주제를 전혀 다른 형식과 별개의 이야기로 풀어가려 마음먹었고, 쉬이 읽히는 글이 되게 하려고 애썼습니다. 그렇지 않아도 관심을 받지 못하는 주제인데 읽기마저 어려우면 더욱 소외될까 저어했지요. 딱딱한 논문 말고는 거의 글을 쓰지 않는 사람에게 이것이 오히려 매우 힘든 일입니다. 그러면서도 내용에서는 결코 전문성을 떨어뜨리려 하지 않았습니다. 수준 높은 알맹이를 평이하게, 될 수 있으면 재미있게까지 풀어서 전달하는 것. 전문적인 이야기꾼도 아닌 사람이 하기에는 쉽지 않은 일이겠습니다. 게다가 한국 법제사에 대한 입문서 역할도 어느 정도 수행할 수 있는 항목까지 담으려 애썼습니다. 현행 제도에 대한 시사도 되면 좋겠다고까지 생각했지요. 다른 지면에서 좀처럼 나타나지 않는 이야기들을 많이 하면서 이해를 도우려 했고, 그것들이 소설처럼 읽히길 바랐지만, 픽션은 아니기에 모든 글월과 낱말이 세부적인 역사적 사실과 부합하는지 재삼 검토해가며 진행했습니다. 이 턱없는 야심을 불태우다 보니, 사실 여러 편의 논문이 나오지 못하기도 했습니다.

4

이처럼 넋두리했던 게 꼭 10년 전이군요. 처음으로 책이라는 것을 쓰다 보니, 품 들인 티를 많이 냈던 것 같습니다. 재잘거린 만큼까지 읽는이들께 느껴지지 않을 물건이라는 걸 알면서도요. 사실은 환경과 재활용이 강조되는 시기에 폐지나 늘리지 않았나 하고 항상 조마조마한 마음뿐입니다. 그런데도 본서가 처음 나왔을 때는 많지 않은 판매 부수에 비해 적지 않은 관심을 받았습니다. 경향의 거의 모든 일간지에까지 책 소개가 실리는 일은 참으로 뜻밖이었습니다. 방송에서는 이 내용으로 몇몇 프로그램을 만들기도 했습니다. 글쓴이가 고유하게 연구하여 밝혀낸 사실에 대해 양해나 표기 없이 제작되는 일도 더러 있었지만, 그때는 문제 삼고 싶은 생각이 별로 들지 않았습니다. 평소 별로 관심받지 않는 영역이라 여겼기에 알려지는 것 자체가 즐거웠지요.

다루어지지 않던 소재인 것이 오히려 눈길을 끈 모양입니다. 조정에서 벌어지는 격론이 아니라 사회 밑바닥에서 서로 싸우는 설전이, 해석된 자료가 아닌 현장의 원석으로 조명되는 일은 소설이나 사극에서도 보기 어려운 게 사실이지요. 익히 알려진 이야기를 저마다 그 나름대로 재구성하여 해석하고 다른 각도로 보기도 하는 재미들이 주로 쏠쏠하던 분위기에서, 재료 자체가 성성한 데다가 얼핏 상식에 반하는 듯한 논변으로 시작하면서 평소 듣지 못했던 법 이야기들로 채워지는 것이 색다른 흥미를 자아낸 듯합니다. 하지만 이런 새로움은 읽기에 어려움을 주는 요소이기도 합니다.

게으른 이가 책을 내자, 그 소식을 매체에서 접한 친지들로부터 격려의 메시지를 받기도 했습니다. 제목만 보았을 이가 분명한 어느 분은 '요즘 남자들 사는 게 다 그렇죠.'라는 식으로 말씀을 보내서 웃기도 했네요. 정독해주신 존경하는 동료 오미영 교수로부터는 '교양서의 탈을 쓴 지독한 전문서'라는 평을 받았습니다. 개인적으로 가장 합당하다고 생각합니다. 실은 알고 보면 중증 직업병자라서 속속들이 알려주고야 말겠다는 의욕을 잘 버리지 못합니다. 그런데도 여러 독자분들께서 신선하고 재미있게 뜻깊이 읽었다는 서평들을 올려주셔서 언제나 고맙게 여기는 마음입니다. 그에 용기를 얻어 이번에 재출간하는 데에 손을 대기에 이르렀습니다. 이 김에 손도 좀 봐야겠다는 마음도 일었는데 충분히 그러지 못했습니다. 부끄러워하며 반성을 느끼는 계기로 삼으려 합니다. 절판된 책을 다시 내도록 밀어주신 역사비평사에, 특히 교정과 편집에 노고를 아끼지 않으신 조수정 선생님께 감사드립니다.

2020. 6.

임상혁

1장 1586년 노비소송 "나는 노비로소이다"

법정의 모습 ― 선조 19년 나주 관아

동헌 가운데에는 사또가 위엄을 갖추어 의자에 정좌해 있고, 그 좌우에
는 지위가 제법 높아 보이는 고을 관속들 몇이 늘어서 있다. 마루 옆에는
한 아전이 엎드려 종이에 무언가를 열심히 적는다. 대청 밑에는 기단 구실
을 하는 섬돌이 있고, 거기서 마루로 오르는 계단도 놓여 있다. 섬돌 위에
도 양쪽으로 두 사람이 서 있다. 원님이 조용히 얘기하더라도 그들이 분부
를 받들어 아래로 호령하며 전한다. 마당에는 아전들이 두 줄로 넓게 벌려
늘어서 있다. 그들 중에는 군졸 복장을 한 이도 보인다. 그 나름대로 배열
의 질서가 있음이 확연하다. 무슨 행사가 있는 것일까.

두 열 사이의 뜰에는 두 사람이 고개를 숙인 채 나란히 앉아 있다. 한 쪽
은 족히 일흔은 넘어 보이는 할머니이고, 그 옆에 있는 남자는 양반으로
보인다. 둘은 번갈아 이야기하는데 서로 다투는 기색이 완연하다. 이쯤 되

구한말의 소송 모습

면 소송 중이라는 것을 알 수 있다. 노비이니, 아니니 하는 말이 오가는 것
으로 보아 신분에 관한 소송인 듯하다. 구경꾼들 사이에서 나지막한 소리
가 새어나온다.

"또 노비소송이구먼!"

때는 1586년(선조 19) 음력 3월 13일, 전라도 나주羅州 고을 관아의 뜰에
서 벌어지는 소송이다. 당사자들 가운데 중년의 남자는 원고로서 이지도
李止道, 피고는 다물사리多勿沙里. 지금의 기준에서 엄밀히 보자면 이 두 사
람은 모두 당사자가 아니다. 이지도는 어머니 서씨徐氏를 대리하여 소송하
고 있으며, 다투고 있는 것도 다물사리의 딸인 인이仁伊의 신분이다. 따라
서 두 사람은 소송대리인이라 할 수 있다. 하지만 이지도는 서씨의 상속

인이고 다물사리는 인이의 어머니인 만큼 소송의 결과가 자신들의 이해와 직결되는 관계여서 당사자와 다름없는 지경이다. 당시에는 이런 경우에도 원고와 피고로서 자격이 있었다.

그런데 다물사리의 입에서 일반적이지 않은 말이 나왔다. "저는 양인이 아니라 노비이옵니다." 말을 잘못했거니 싶었는데, 상대방인 이지도도 또한 "아니옵니다. 다물사리는 노비가 아니라 양인입니다." 하고 다투는 것이 아닌가. 당시 노비의 신분을 다투는 소송에서는 자기는 노비가 아니라고 주장하는 것이 보통인데, 여기서는 반대의 현상이 나타나고 있는 것이다. 아무래도 이 송사는 좀 특별한 소송이 되겠다는 느낌이 밀려온다.

조선의 신분제도에 관하여 여러 이야기가 있지만, 대체로 양천제良賤制라고 하는 질서를 말한다.[1] 조선시대 사람들은 양인이나 천인 가운데 하나로 태어나며, 특별한 예외가 없는 한 그 신분으로 살다가 죽는다. 이뿐만 아니라 그 신분은 자손에게 대물림된다. 양인을 자유민이라 한다면 천인은 노예이다. 천인은 노비라 불렸으니, 노비란 용어는 사내종인 '노奴'와 계집종인 '비婢'가 합쳐 이루어진 낱말이다. 노비는 재물처럼 취급되기도 하고 형법상의 보호도 양인보다 덜 받는 질곡 속의 존재이다. 그 때문에 할 수만 있다면 사람들은 노비이기보다는 양인이고자 할 것이다. 실제로 노비들 가운데에는 갖은 방법을 써서 양인으로 행세하려는 노력이 나타나기도 한다. 따라서 신분 관계 소송에서는 자신을 양인이라고 호소하는 모습이 보이는 것이 일반적이다.

여러 의문이 일어날 만하다. 우선 왜 다물사리는 스스로를 노비라고 주장하는 것일까. 소송이 진행되면서 그 연유가 드러난다. 그것은 조선시대의 신분제도가 빚어내는 한 단면이었던 것이다. 다물사리와 이지도는 그해 4월 3일까지 주장과 증거 제출을 마쳤다. 법 적용의 문제보다는 사실관계의 확인만이 중요하게 다투어지는 사안이었다. 그리고 4월 19일에 판결이 내려졌다. 이것만 놓고 보면, 법정에 나온 지 한 달 남짓에 소송이 끝났으니 매우 빠른 진행이라고 할 수 있다. 특히 오늘날과 비교하면 초고속이라 할 만하다. 그런데 우리는 어떻게 430여 년 전 전라도 한 귀퉁이에 있는 고을에서 일어난 소송에 대해 위와 같이 자세한 그림을 그릴 수 있는 것일까.

원님재판

조선시대 법정은 군수 등이 높다란 청사 마루에 앉아 댓돌 아래 마당에 무릎을 꿇은 피고인에게 "네 죄를 네가 알렸다"고 호통을 치는 식의 '원님재판'이 주류를 이뤘다. 한일합병 직후에는 판사가 일제의 무단통치를 상징하는 칼을 착용한 채 재판을 하다가 3·1운동을 계기로 폐지되고, 1920년부터 흑색 상의와 모자 등 복제가 일본 재판소와 같아졌다고 한다.　　　　　　　　　　　　　　　—ㅅ일보 2005년 10월 28일 자의 한 칼럼에서

거꾸로 가는 민사조정제 … 밀어붙이기 조정에 원님재판 우려

—ㄱ일보 인터넷판 2007년 3월 8일 자의 머리기사
지면 발행은 2007년 3월 9일자 8면 「뒷걸음 치는 민사조정제도」

대체로들 조선의 재판은 위와 같았으리라 생각하는 것 같다. 그리고 그

에 대한 표현으로 '원님재판 하듯' 한다고 말한다. 엄밀히 법규에 의하지 않고 적당히 요령껏 판결하는 태도를 가리키는 듯하다. 과거의 재판이 영성히 이루어졌음을 빗대는 표현으로도 자주 사용되어, 위에서 보듯이 현재의 마땅찮은 소송 관행을 비판할 때도 이 용어가 쓰인다. 하지만 최근에 발굴되는 자료와 그를 바탕으로 한 연구를 보면, 오히려 잘 정비되어 있는 전통시대의 소송제도와 그 합리적인 운영에 감탄마저 하게 되는 일도 있다. 글머리에서 소개한 이지도와 다물사리 사이의 소송도 그런 예이다.[2]

의외로 원님재판에 대하여 부정적인 시각만 있는 것은 아니다. 사람들 가운데에는—특히 법관들 중에서도—흑백을 가르는 일도양단으로 판결하기보다 원님이 재판하는 형태로 구체적 타당성을 고려한 해결책을 제시함으로써 더욱 적절한 분쟁 해결을 꾀할 수 있다고 칭송하는 이들도 많다. 그리하여 법원에서도 판결보다는 조정을 통해 화해시키는 일에 힘써야 한다고 주장하기까지 한다. 과연 그럴까. 다음의 사례와 같은 경우 그렇게 말할 수도 있겠다.[3]

> 고려 고종高宗 시기에 손변孫抃(?~1251)이 안찰부사按察副使로 경상도로 내려갔을 때의 일이다.
>
> 오누이 사이의 송사가 있었다. 동생은 "한 딸과 한 아들이 다 함께 같은 부모에게서 태어났는데, 어찌하여 누님만이 부모의 유산을 독차지하고, 아들에게는 나누어주지 않는단 말입니까." 하고 주장하였고, 누이는 "아버지께서 돌아가실 때, 집안의 모든 재산을 나에게 주고, 너에게는 옷과 갓 한 벌, 미투리 한 켤레, 종이 한 권만 물려주셨다. 아버지께서 손수 쓰신 문서가 여기 있는데, 어찌 어길 수 있겠는가." 하고 맞섰다.

이렇게 여러 해를 끌었지만, 어느 수령도 제대로 판결해주지 못한 사안이다.

손변은 두 사람을 불러다가 앞에 놓고 물었다. "아버지께서 돌아가실 때 어머니는 어디에 계셨느냐?" 오누이는 어머니가 이미 돌아가셨다고 말했다. 다시 "너희들은 그때 나이가 몇 살씩이나 되었었느냐?" 하고 묻자, 누나는 시집을 갔고, 동생은 아직 어릴 때였다고 대답하였다. 안찰부사는 타이르듯 이렇게 판결하였다.

"자식에 대한 어버이의 마음은 고른 것인데, 어찌 시집간 나이 든 누이에게는 두텁고 어미 없는 더벅머리 아들에게는 엷겠는가? 생각해보자. 아이가 의지할 바는 누이인지라, 만일 재산을 누나와 똑같이 남겨준다면 누이의 사랑이 혹시 잘 길러주는 데에는 이르지 못하거나, 혹은 전심으로 하지 않을지 염려하였던 것이다. 그리고 아이가 자라서 이 종이로 소장訴狀을 쓴 뒤 의관을 차려 입고 관가에 가서 제소하면 잘 판단해줄 사람이 있으리라 여긴 것이다. 아버지께서 오직 이 네 가지 물건만 남겨준 뜻은 이러한 것이다."

두 남매는 이 말을 듣고 감동하여 서로 마주 보며 울었다. 손변은 재산을 반씩 나누어주었다.

이 이야기는 고려시대에도 남녀 균분상속이 되었다는 근거로 들어지기도 한다. 손변은 이처럼 관리로서의 재능이 있어 승진을 거듭하였다. 하지만 처가가 미천한 탓에 깨끗한 사람에게만 제수되어야 한다는 주요 벼슬, 이른바 청요직淸要職으로 분류되는 관직에는 오르지 못했고, 자식들도 등용되지 못했다. 그의 아내는 안타까운 나머지 자신을 버리고 좋은 가문의 여인을 새로 얻으라고 말했지만, 조강지처를 어떻게 버리냐며 껄껄 웃었다는 일화가 전해진다. 깨끗하고 기개 있는 사람이었던 것 같다.

사람들이 바라는 법관상은 이런 것이 아닌가 생각해본다. 손변의 판결에서처럼 사건을 명쾌하게 해결할 뿐 아니라, 반목하는 두 사람을 마음으로부터 화해시키기까지 하는 모습이 지금의 법정에서도 구현되었으면 하는 마음에서 옛날의 재판을 떠올리는지도 모른다. 하지만 이런 것은 아무나 할 수 있는 일이 아니며, 능력 있는 사람이 세심한 마음까지 지녀야 할 만한 것이다. 늘상 이런 식의 태도로 임한다면 오히려 위험하다. 원님재판을 조롱하는 설화도 많이 전해져온다. 하나 들어보겠다.[4]

세도정치 시절에 부모 잘 둔 덜떨어진 아들이 그 덕에 똑똑한 부인도 얻고 고을에 원님으로 부임하기까지 했다. 어느 농부가 와서 자기 소가 옆집 소와 싸우다 죽었다며 울면서 제소하였다. 소는 마음대로 잡을 수 없는 가축이기도 했다. 그런데 사또는 "네 소가 죽었는데 왜 나한테 와서 그러는가." 하고 말할 뿐이었다. 이웃더러 어떻게든 물어주게끔 하는 판결을 바랐던 농부는 그저 망연히 서 있다가 돌아갔다.

부인이 그 꼴을 보고시 "원님이 그래서야 됩니까? 내일 다시 불러서 잘 일러주세요." 하며, 기막힌 처결 방법을 일러주었다. 사또는 "옳거니!" 하고 새겨들었다.

다음 날 아침에 한 사람이 와서 "저희 아버지가 이웃 사람과 시비 붙다가 죽었습니다." 하고 호소하였다. 원님이 빙그레 웃으면서 판결을 내렸다.

"죽은 놈의 껍질은 벗겨서 관가에 바치고, 고기는 좀 떼다 익혀서

이웃과 나누어 먹고, 나머지는 팔아서 그 돈으로 조그만 아이를 하나 사
다가 키운 뒤에 아비를 삼아라."

일반적으로 농부의 사건과 같은 경우에는 양 당사자를 불러 사실관계를
파악한 뒤 옆집에 책임이 있으면 그에 상응하는 배상을 하도록 해야 할 것
이다. 하지만 이처럼 하면 판결이 늦어지고 결말이 난 뒤에도 이웃과의 사
이가 나빠진다. 이에 비해 사또의 아내가 제시한 방식으로 하게 되면, 이
웃지간에 의도 상하지 않고 한두 해 뒤에 다시 일소(農牛)가 생기니, 매우
적절한 처리라 할 수 있을지 모른다. 하지만 이 좋은 해결책은 그 경우에
만 알맞은 것이지, 다른 사안에까지 적용하면 우스운 결과가 되는 것이다.
이 때문에 수많은 사건의 해결을 거치면서 추상적으로 정리된 규범인 법
률에 따라 판결하는 방식이 역사적으로 정립된 것이다.

조선시대에도 정립된 재판 절차에 따라 소송이 진행되었고, 엄격한 법의
적용으로 판결이 내려졌다. 물론 시대적 상황에 따라, 혹은 법관의 자질에
따라 다른 양상을 보이는 일도 있었겠지만, 그런 재판을 지향했다는 것은
분명하다. 이는 소송에 관한 여러 논설들에서도 확인할 수 있지만, 무엇보
다도 지금까지 남아 있는 당시의 판결문들이 잘 보여준다. 16세기의 판결
문도 10건 이상 남았는데, 서울에서는 물론 전라도와 경상도에서 모두 일
관된 절차로 소송이 진행되고, 법률에 의거한 판결이 이루어지는 모습이
나타나는 것이다.[5]

결송입안과 문서 생활

중요한 사건이라서 조선왕조실록에 실리는 경우라도 간략한 전말만이 거기에 오르는 것이 보통이다. 지방의 읍지邑誌에도 소송사건이 자세히 기록되는 예는 없으며, 문집文集이나 일기 따위에서 송사를 적는 경우가 간혹 있어도 그리 자세하지는 않다. 하지만 당시의 판결문이 남아 있어서, 지금 우리는 그 사건에 대하여 비교적 소상히 파악할 수 있다. 그런데 오늘날의 판결서를 받아 보거나 한 일이 있는 사람은 이에 대해 의문을 가질 것이다. 판결문만 봐서는 그 사안의 본말까지 알기는 어렵기 때문이다.

현재의 판결문은 크게 주문과 판결이유로 이루어진다. 주문은 청구에 대한 최종 결론이고, 사실관계는 판결이유에서 나타난다. 우리 법원은 이제까지 사건이 과다하다는 이유로 판결서에 판결이유를 쓰지 않아도 되는 경우의 범위를 확장해왔고, 판결이유에서 사실관계를 생략할 수 있는 입법을 하기도 했다. 그리하여 우리의 판결문은 외국의 것에 비해 매우 짧은 편이며, 판결문만 봐서는 도대체 어떠한 사실관계에 법 적용을 한 것인지 알기 어려운 경우도 더러 있다.

이와 달리 조선시대의 판결문은 그 안에 당사자의 주장, 제출된 증거가 모두 날짜별로 수록된다. 지금의 시각에서 말하자면, 조서와 증거까지 판결서에 다 기재되는 방식이라 할 수 있겠다. 간략히 정리하자면 다음과 같은 순서로 기재된다.

①　판결서를 발급한 날짜와 관청 이름
②　소장訴狀의 내용

③ 시송다짐(양 당사자의 소송 개시 합의)

④ 원고와 피고의 최초 진술

⑤ 이후 당사자들의 사실 주장과 제출된 증거

⑥ 결송다짐(양 당사자의 변론 종결 확인과 판결 신청)

⑦ 판결

　이처럼 판결문을 통해 소송의 진행 상황을 확연히 파악할 수 있게 하는 것이 조선시대 민사소송의 한 특징이다. 재판의 진행 과정을 나타냄으로써 한쪽 당사자의 논거가 박약해지는 모습이 그대로 드러날 뿐 아니라, 재판이 진행되는 상황도 알 수 있어 판결의 정당성과 공정성이 확보되는 측면이 있다. 그리고 판결이 적정했는지를 상급기관에서 그 문서만으로 확인할 수 있는 방법도 될 것이다. 이러한 까닭에 소송의 전 과정이 판결문에 기록되는 관행을 낳았으리라 여겨진다. 재판의 전 과정을 기록하는 만큼, 증거가 많이 제출되는 사건인 경우에는 판결문의 분량 또한 방대해질 수밖에 없다. 따라서 대부분의 판결서들은 빠른 필기체인 초서草書로 기록되어 있다.

　이런 판결서들이 결송입안決訟立案의 형태로 남아 있다. 사람들 사이에 이루어진 법률행위에 대하여 관청에서 증명해주는 제도로서 '입안立案'이 있었다. 토지·건물·노비의 매매나 양도, 양자養子 따위가 있을 때, 당사자가 그 증명을 신청하면 관청이 그 사실을 확인하고 인증하여 발급해주는 문서가 입안이다. 예를 들어 두 사람 사이에 토지의 매매가 이루어진 경우, 매수인이 그때까지의 매매계약서와 함께 소지所志라고 하는 신청서를 담당 관청에 제출하면, 담당 관청은 매도인, 증인, 계약서의 작성인(필집筆執

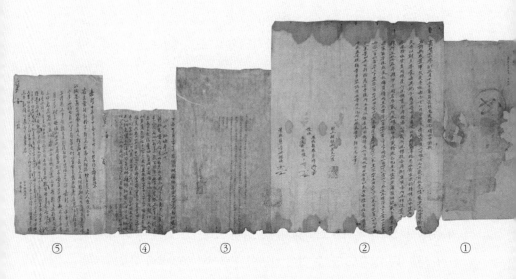

⑤   ④   ③   ②   ①

1537년(중종 32)에 경주부에서 손광서에게 발급한 입안

1537년 정월 계조모繼祖母인 최씨가 손광서孫光曙에게 노비와 논밭을 증여하였고, 그해 7월 경주 관아에 증명을 신청하였다. 이 경우 관청에서는 계약 당사자를 부르고, 또 계약을 보증한 계약서 상의 증인을 불러 사실을 확인하여 다짐을 받는다. 확인을 마치고 나서 관아의 우두머리가 입안 을 발급한다. 맨 오른쪽은 ① 입안을 신청하는 소지이고, 그 다음 문서가 ② 증여계약서이다. 증 여자인 최씨가 양반가의 여성이기 때문에 직접 불러 확인하지 않고 서신을 보내 답변을 얻었다. 이를 ③ 공함公緘이라 한다. 네 번째 문서가 증인을 불러 그 진술을 확인받은 ④ 초사招辭이다. 마지막은 경주부사가 발급한 ⑤ 입안이다. 이 일련의 문서들을 풀로 붙여서 소유권을 증명하며, 거래 시에는 이 모든 문서가 함께 넘어간다.

이라 부름), 그 밖의 관계자를 불러 진술을 받고 사실을 확인하여 증명서인 입안을 발급해주는 것이다. 이러한 입안에도 신청서, 관계자들의 진술, 관청의 처분이 모두 기록되어 있다. 판결 내용에 대해 이처럼 증명을 신청하여 받게 되는 입안이 결송입안인 것이다.[6]

조선시대에는 현재와 같은 부동산 등기제도가 갖추어져 있지 않았다. 토지소유권을 국가에서 공적인 장부를 통해 공시하는 제도가 없었던 것이다. 물론 토지에 대한 세금이 중요했던 시기니 만큼 토지대장이 없었던 것이 아니다. 양안量案이라는 것이 있었다. 양안은 20년마다 작성되는 데다가 그나마도 지켜지지 않는 일이 더러 있었으며, 양반들의 경우 본인 대신 노비의 이름을 올리는 관행까지 있었다. 그리하여 그것만으로는 곧바로 토지소유권을 증명할 수 없었고, 소송에서는 추정 자료의 하나로 참고되었다. 따라서 자신의 권리에 대해서는 스스로 증명 방법을 갖추고 있어야 안전했다.

조선시대에는 문서를 흔히 문기文記, 문권文券이라 불렀다. 실제로 남아 있는 문서들에는 문기라는 표현이 많이 쓰여 있다. 문서는 권리를 증명하는 가장 유효한 수단이었다. 중요한 판결 원칙으로서 종문권시행從文券施行, 곧 문서에 기재된 바에 따라 처리하라는 지침이 만들어질 정도였다. 그 때문에 거래는 반드시 문서로 하였고, 거기에는 이전에 이루어진 거래문서들까지 모두 첨부하였다. 우리 조상들은 신의를 중시하여 말로 맺었으면 그만이지 그걸 믿지 못하고 문서화하는 것은 싫어했다고 말하는 이들이 종종 있다. 하지만 선조들은 문서 생활에 철저했던 것으로 보이며, 이는 사실상 신의와는 별개의 문제이다. 춘향이는 개구멍으로 혼례를 치르러 온 이도령에게 불망기不忘記(요즈음으로 보면 각서)를 써달라 하고, 이도령 또한 아무렇지 않게 그것을 써준다.

> 춘향이 여쭈었다.
> "그리하다면, 먹의 찌는 삭는 일이 없고, 관가는 종문권시행이라 하오니, 혹시라도 믿음을 저버리는 폐가 있으면, 뒷날 증명할 수 있도록 불망기를 해주소서."
> 도령이 기쁨을 이기지 못하여 고급 종이를 펼치고 용벼루에 먹을 갈아 황모붓에 흠뻑 묻혀 한번에 휘갈긴다. 그 불망기는,
> "아무 해 아무 날 춘향에게 주는 불망기이다. 이 불망기는 우연히 산천 구경하러 광한루에 올랐다가 천생배필을 만나니 끓어오르는 정을 이기지 못하여 백년가약을 맺기로 서로 약속하되, 이날 이후에 만약 약속을 어기는 폐가 있거든 이 문기를 가지고 관가에 가서 소를 제기하여 바로잡을 것."이더라. ─『춘향전』(경판본)에서

이러한 거래문서를 가지고 관청에 가서 입안을 받게 되면, 이는 거의 공문서와 같은 증거력을 갖는다. 실제로 소송에서 입안문서에 대해서는 그 내용을 그대로 인정한다. 입안을 받지 않은 문서는 백문기白文記라고 부른다. 소송상 제출된 백문기에 대해서는 상대방이 부인하는 것이 보통이며, 법관도 관련자들을 다시 불러 사실을 확인하는 등의 절차를 진행시키는 것을 볼 수 있다. 결송입안이라는 것도 결국 소송의 결과를 담당 관청에서 확인, 증명하여 신청자에게 발급해준 것이라 할 수 있다. 쟁송을 통해 자신의 권리를 확인받은 것이기 때문에 당사자에게는 중요한 권리문서인 것이다.

1586년 이지도·다물사리 판결문

앞의 사건이 실려 있는 판결서(이후 '이지도·다물사리 판결문서'라 부름)는 경상북도 안동의 의성義城 김씨 가문에 전해 내려오는 것이다. 그 유명한 학봉鶴峯 김성일金誠一(1538~1593)의 종손 집안에 소장되어 있다. 학봉의 종가에는 지금까지도 김성일의 유물들이 전해지고 있다. 그 가운데에는 학봉이 사용하던 안경과 안경집 같은 것들도 있어 흥미를 끈다. 선생도 돋보기를 끼고 지냈던 것이다. 테가 거북껍질로 된 이 안경은 우리나라에서 가장 오래된 것이다. 김성일의 유품들을 비롯한 집안 선조의 유물들이 운장각雲章閣에 소장되어 있다. 그 수는 15,000여 점에 이른다. 민간에서 문화재를 보관하는 사례 중에는 가장 많을 것이다.

안동시 서후면西後面 금계리金溪里에 있는 학봉의 종택宗宅은 일日자형의 안채, 문간채, 정자로 구성된 대표적인 전통 가옥이다. 김성일의 사당, 그리고 가문의 기념관이라 할 수 있는 운장각은 그에 딸려 있다. 운장각 소장 유물들은 각종 문화재로 지정된 것들만도 몇 십 점이나 된다. 그 가운데 56종 261점의 전적典籍이 일괄하여 보물 제905호로, 17종 242점의 고문서들이 일괄하여 보물 제906호로 지정되어 있다. 이 고문서들 사이에 결송입안 6건이 전해져 내려온다.[7] 그런데 이들 가운데 단 하나만이 1722년(강희康熙 61)이라고 발급 날짜가 나와 있을 뿐이고, 나머지 다섯 개의 문서들은 모두 앞부분이 떨어져 나가서 발급한 기관과 날짜를 알 수 없는 상태이다.

이 5건의 문서들은 연원을 알 수 없는 미스터리로 남아 있었다. 발급 연대를 알 수 없을 뿐 아니라, 그 내용 또한 의성 김씨와 전혀 관계없는 것들이었기 때문이다. 이에 대한 분석과 연구를 시도하였다.[8] 알다시피 당시에는 연대가 간지干支와 연호年號로써 표시되었다. 문서들의 내용에 등장하는 간지, 연호, 인물들의 나이, 지명, 판결한 이의 서명署名, 분쟁 사항 등을 면밀히 검토하고 대조해 나가자, 매우 놀라운 사실을 밝힐 수 있었다. 이들 다섯 건의 결송입안은 모두 김성일이 나주목사羅州牧使로 재직했던 시기에 처리한 판결문들이었던 것이다.

학봉은 1583년(선조 16) 8月부터 1586년 12月까지 3년 반가량 나주목사로 재직하였다. 판결문들은 1583년(계미년), 1584년(갑신년), 1586년(병술년)에 나주 관아에서 내려진 것들이다. 이지도와 다물사리가 다투는 송사도 이들 가운데 병술년의 문서에 나타난다. 이들 자료가 당사자의 가문이 아니라 판결한 관리의 집안에 보존되고 있는 것은 참으로 드문 일이다. 그 까닭을 현재로서는 알기 어렵다. 기념으로 보관했던 것일까, 아니면 뒷날에 잡음이 생길지 모를 것을 대비하여 증명용으로서 보관했던 것일까.

송관 김성일

학봉 김성일과 관련하여 우리에게 가장 잘 알려진 사건은 임진왜란이 일어나기 한 해 전인 1591년 3月 조정에서 한 보고 내용이다. 통신사로 일본을 다녀온 정사正使 황윤길黃允吉과 부사副使 김성일은 그 전망이 서로 달랐다. 다들 알듯이 일본의 침입을 예상하는 황윤길의 보고에 대하여 김성일은 부정적인 입장을 보인 것이다. 이에 대하여 붕당 폐해의 한 단면이라느니, 임진왜란 고전의 한 원인이었다느니 하는 비판을 거세게 받아왔

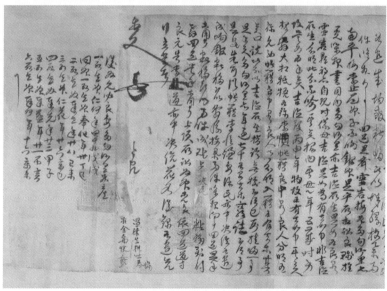

(위) 학봉 김성일의 종택, (아래) 이지도·다물사리 판결문서

다. 반대로 동요를 보이는 민심이 이반하는 것을 걱정해서 한 발언이었지, 전쟁 대비를 하지 않은 것은 아니라는 연구도 있다. 틀림없는 사실은 왜란이 발발하자 외적을 몰아내는 데 학봉은 그 누구보다도 온 힘을 다하다가 순국하였다는 것이다.

정사 황윤길과 의견이 달랐던 것은 학봉의 평소 성품에서 비롯한 것일 수도 있다. 통신사가 일본에 머문 기간은 9개월 남짓이었다. 그동안 간간이 일어나는 일본 정부의 위협과 무례에 대하여는 돌아갈 걱정 때문에 적당히 넘어가려는 분위기가 강했고 정사인 황윤길도 그런 편이었다고 한다. 일본 측에 당당히 맞서고 시정을 요구하는 쪽은 부사인 김성일이었다. 김성일의 강직함은 소문난 것이었다. 임금 앞에서도 바른말을 하여 전상호殿上虎(임금 위에 있는 호랑이)[9]라는 별명까지 있었다고 하니. 그것을 보여주는 일화가 있다.[10]

1574년 사간원의 정언正言으로 제수되었다. 어느 날 경연經筵에서 임금이 신하들에게 물었다. "경들은 나를 이전 시대의 제왕들과 비교해볼 때 어떤 임금과 비슷하다고 생각하는가?" 그때 누군가는 "요순 임금입니다." 하고 대답하였지만, 학봉은 "요순이 될 수도 있고, 걸주桀紂가 될 수도 있습니다."라고 하였다. 임금이 "요순과 걸주가 어디 같은 부류인가?"라고 물었다. 김성일은 "올바로 생각하면 성인이 되고 엉뚱한 생각을 하면 미치광이가 됩니다. 전하께서는 타고난 자질이 고명하시어 요순이 되기 어렵지 않습니다만, 스스로 똑똑하다고 여겨 간언을 거부하시는 병이 있습니다. 간언을 받아들이지 않은 것이 걸주가 망한 원인 아니겠습니까." 하고 대답하였다. 그러자 임금은 얼굴빛이 바뀌며 자세

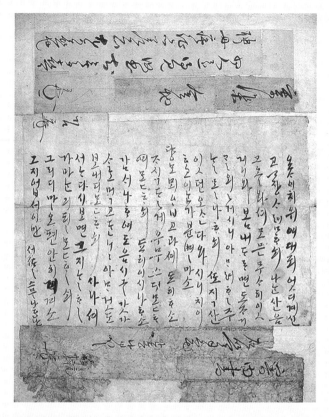

요사이 추위에 대체 어찌 계신지 사념하네. 나는 산음 고을에 와서 몸은 무사히 있거니와, 봄이 버달으면 도적이 피롭힐 것이니, 어떻게 할 줄 몰라 하네. 또 직산에 있던 옷은 다 왔으니 추위하고 있는지 염려 마소. 장모 모시고 과세過歲 잘 하소. 자식들에게는 편지를 쓰지 못하네. 잘 있으라 하소. 감사監司라 하여도 음식은 가까스로 먹고 다니니 아무것도 보내지 못하네. 살아 있어서나 다시 보면 이루 다 말할까마는 기약 못하네. 그리지 마오. 편안히 계시오. 그지없어 이만.

학봉의 한글 서간

김성일이 임진란 3대첩의 하나인 진주대첩을 지원하여 승리를 거둔 뒤 계속 진주 일원에 머물며 공무를 보던 음력 1592년 12월 24일에 안동 사는 부인 권씨에게 보낸 한글 서간이다. 4개월 뒤 학봉은 과로로 사망한다. 마치 이를 예감하는 듯 살아서 다시 볼 것을 기약 못하니 그리워하지 말고 편히 계시라고 마무리짓는다.

를 고쳐 않았다. 경연에 있던 이들은 벌벌 떨었다. 그때 유성룡柳成龍이 나아가 아뢰었다. "두 사람의 말이 다 옳습니다. 요순이라는 대답은 임금을 이끄는 말이고 걸주의 비유는 경계하는 말이니, 모두 임금을 사랑하지 않는 것이 없습니다." 그제야 임금은 얼굴을 풀고 술을 내리라 명하며 마쳤다.

그전까지 일본의 태도에서 볼 수 없었던 도요토미 히데요시豊臣秀吉의 위압에 김성일은 평소의 강건한 성품 탓으로 크게 주눅들지 않았고, 그 점도 일본의 지배자에 대한 시각이 정사 황윤길과 달라지는 한 원인이 아니었을까. 그의 자세는 지방관으로 발령되었을 때도 여전했던 모양이다. 나주목사로 부임해서는 날마다 사모관대를 갖추고 백성들을 대하였는데, 춥거나 덥다 하여 그만둔 일이 없었다고 한다. 그러면서도 민정에는 세심한 주의를 기울였으니, 북을 내걸고는 억울한 일이 있으면 와서 북을 치라고도 했다. 그런데 그가 나주목사로 있으면서 가장 이름을 날린 것은 법관으로서의 자질이었다.

현재 재판 업무를 담당하는 공무원을 법관法官이라 한다. 재판관裁判官이라 하는 사람들이 많은데, 이는 해방 이전의 용어이다. 마찬가지로 법원法院을 아직도 재판소裁判所라 하고, 법정을 재판정이라 하는 이들도 더러 있는데, 고쳐야 할 언어 습관이다. 재판소라는 낱말은 헌법재판소에만 붙어 있고, 거기의 법관들만이 헌법재판관이라는 명칭을 쓴다. 특히 종종 법률 관련 기사에서도 심심찮게 보이는 언도言渡(いいわたし이이와타시)라는 낱말은 완벽한 일본어이다. 오히려 이것이 '선고'라는 우리말보다 더 자주 쓰인다는 느낌마저 들 정도이니, 반성할 일이다. 드라마 〈판관 포청천判官包

靑天)의 영향으로 '판관'이라는 용어도 알려져 있으나, 조선에서는 다른 의미로 쓰였다. 조선시대에 재판, 특히 민사소송을 담당하는 관리를 지칭하는 가장 일반적인 용어는 아무래도 '송관訟官'이었던 것 같다. 이제부터는 송관이라는 말을 사용하기로 한다.

송관 김성일은 간사한 술수를 귀신같이 가려내서 사람들이 속이려 하지 못했다는 평가를 받았다.[11] 대표적인 그의 판결 사례로 두 가지가 전해 온다. 하나는 위조문서의 적발이다. 위조문기를 다투어 해결하지 못한 소송이 있었다. 송관은 문서에서 이어 붙인 자리에다 물을 적셔 찰기가 생기는 것을 확인시켰다. 이어서 오래된 문서를 가져다가는 물을 부어도 찰기가 생기지 않음을 보였다. 캐물을 것도 없이 송사는 해결되었다.

다른 하나는 나주 고을의 유력 집안인 나씨羅氏와 임씨林氏의 다툼이었다. 나씨가 임씨 집안의 딸과 혼인한 뒤 자식 없이 죽었다고 한다. 그러자 임씨 여인은 남의 집 아이를 훔쳐다가 여종과 짜고서 유복자가 있어 낳았다고 속였다. 나씨 집안이 거짓을 밝히기 위하여 소송을 하였는데, 여러 차례 심리를 하였지만 몇 해가 지나도 해결되지 않았다. 김성일이 이를 보고서 대번에 거짓을 간파하고 판결을 내리자, 모두들 시원하게 여겼다.

앞의 사례와 달리 뒤의 것은 가려내는 방법이 나타나 있지 않다. 어쨌든 김성일의 명성은 자자해졌고, 전라도의 모든 소송이 그에게로 몰려들었다. 이지도·다물사리 사건도 판결서의 앞부분이 많이 떨어져 나가서 확실하지는 않지만, 영암군靈巖郡에서 이송되어온 사건이다. 그런데도 물 흐르듯이 심리하여 사건이 적체되는 일은 없었다고 하니, 여간 대단한 것이 아니다. 하지만 나씨·임씨에 대한 판결을 비롯한 여러 송사들은 이후 학봉을 괴롭히게 되었고, 명예롭지 못하게 수령직을 그만두는 계기마저 되었다.

올곧은 법관의 수난

앞서의 임씨와 나씨의 소송은 김성일의 행장行狀에 실려 있다. 하지만 최현崔晛의 문집인 『인제집訒齋集』에 있는 「학봉선생언행록鶴峯先生言行錄」(이하 「언행록」이라 함)에는 이 이야기가 좀 더 자세히 나온다.[12] 최현은 열아홉 살 때(1581) 당시 부친상을 치르느라 고향에 내려와 있는 학봉을 뵙고 가르침을 받았는데, 그때 큰 감명을 받은 듯하다. 이후 김성일의 조카딸과 결혼도 하였다. 임진왜란 때는 의병을 일으켰는데, 당시 순찰사巡察使였던 학봉에게 방어책을 구하는 편지가 남아 있다. 전쟁이 끝나고 벼슬을 살다가 51세(1613) 때 귀향하여 바로 위의 「언행록」을 엮었다. 한 해 전에 김성일의 조카인 김용金涌이 지은 같은 제목의 「언행록」을 보완한 듯하다. 김용의 문집인 『운천집雲川集』에 실린 「언행록」에는 이 사건이 자세히 실려 있지 않다.[13] 「언행록」은 아마도 김성일의 문집을 내는 준비를 하면서 한강寒岡 정구鄭逑에게 행장을 부탁하기 위해 만들었던 것으로 여겨진다. 김성일의 문집인 『학봉집』에도 부록으로 「언행록」이 있는데, 매우 요약된 형태이다.

최현이 전하는 기록을 바탕으로 사건을 구성해보자. 자식 없이 남편을 일찍 여읜 임씨가 여종과 짜고서 남의 아이를 데려다 자신이 낳은 것처럼 하자, 나씨 문중에서는 성姓과 종통을 어지럽히는 죄로 고소하면서 바로잡아줄 것을 호소하였다. 민·형사로 얽힌 소송이 계속되자 이전에 통혼도 잦았던 두 집안이 서로 반목하기에 이르렀다. 사안 자체가 밝히기 어려운 것인 데다, 쟁쟁한 두 가문 가운데 어느 쪽과든 좋지 않은 관계를 맺기가 불편했는지 송관의 판결은 미루어질 뿐이었다. 김성일은 부임한 해에 이 사건을 접하게 된 듯한데, 보고서 바로 곡직을 밝혀내 판결을 내리자 모두들 시원하게 여겼다고 한다. 하지만 이로 말미암아 임씨 여인은 원한이 뼈에 사무쳤다.

그녀의 아버지는 임진林晉으로서 전라도 수사水使와 경상도 병사兵使를 역임하였고, 얼마 전까지 이웃 고을인 장흥長興의 수령(府使)을 지내다가 경직京職으로 체임되어 간 고관이다. 그의 큰오라비는 당시 문명文名을 크게 떨쳤던 유명한 백호白湖 임제林悌이다. 임제는 김성일과도 아는 사이였다. 학봉이 42세 때(1579, 선조 12) 함경도 순무어사巡撫御史로 순행하면서 쓴 일기인 「북정일록北征日錄」을 보면, 음력 10월 9일 새벽에 당시 함경도 고산高山의 찰방察訪이던 임제를 만났다는 기사가 있어,[14] 어떤 사이인지 잘 알 수 없지만 적어도 그때부터는 서로 면식이 있는 관계였던 것만은 틀림없다. 그런데도 김성일은 안면 있는 문벌가인 임제 집안에게 불리한 판결을 서슴없이 내렸던 것이다.

임씨 집안은 서울의 사법기관에 가서 상소上訴하였다. 사헌부일 터인데, 거기서는 2년이나 끌면서 쉽게 판결하지 못했다. 경향 각지의 임씨들은 입을 모아 나주에서의 판결이 오결誤決이라 외쳤다. 심지어는 "후사가 없는 사람이 버린 아이를 데려다 아들 삼는 것도 금지하지 않는 바인데, 숨겨진 것을 쓸데없이 가려내서 판결하여 남의 후사를 끊는가?"라고 하기도 했다. 사헌부에서 나주목사를 여러 차례 추궁하자 그는 함사緘辭(관리가 잘못이 있는 경우 그 사유를 밝히는 글)를 올려 해명하기도 했다.

실제 사건의 내용은 달랐을지 모른다. 양가의 족보 자료를 조사해보면, 거꾸로 나씨 집안의 여인이 임씨네로 시집을 간 것으로 확인된다. 곧, 임진의 다섯 아들 가운데 막내인 임탁羅恲이 나영羅瑩의 딸에게 장가든 것이

1920년대 나주의 전경

다. 나주 임씨 대동보에 따르면 임탁은 1566년에 태어나 1610년까지 살았다. 그런데 좀 이해되지 않는 부분도 보인다. 그의 형들은 벼슬을 하고 문명도 떨치며, 의병을 일으키기도 하였다. 하지만 족보에서는 시골의 선비처럼 지낸 임탁에게 가장 많은 지면을 배정하고, 권필權韠(1569~1612)의 시까지 실어가며 찬사를 담는다. 그리고 맏형인 임제가 28세 때(1576) 생원시生員試와 진사시進士試에 합격한 사실을 기록하는 『사마방목司馬榜目』에는 그의 형제들로 셋만 올라 있고 막내 임탁은 빠져 있다. 어떤 연유인지 알기 어려우나, 어쨌든 사건의 사실관계는 학봉의 행장이나 「언행록」과 사뭇 다른 듯하다.

하지만 두 집안의 큰 소송이 있어 시끄러웠던 것은 틀림없는 사실이다.

나주 임씨 종가. 전남 나주시 다시면 회진리 소재

더구나 김성일은 이 일로 마음고생이 적지 않았다. 월천月川 조목趙穆은 학봉과 함께 퇴계 이황의 제자인데, 그와 주고받은 편지가 다수 남아 있어 서로 친분이 두터웠음을 알 수 있다. 이지도·다물사리 소송이 벌어지고 있는 해인 1586년 김성일이 조목에게 보낸 편지에 이 사건을 언급하고 있다.[15]

지금 들으니, 임씨 집안의 항소와 관련하여 조정에서는 모두 제가 오결하였다고 여기고 있어 그 때문에 파직될 것이라 합니다. 그리되면 참으로 다행이라 하겠습니다.

비슷한 시기에 같은 퇴계 문인인 정보定甫 권우權宇에게 보낸 서간에도 임씨의 사건을 거론한다.[16]

> 지금 들으니, 임씨 집안이 대궐에 항소하니 임금께서 질문(作文: 사안을 처리한 문서)을 들이라고 명하시며, 저의 판결이 잘못되었다면 파면의 죄를 받아야 할 것이라 하셨답니다. 이 때문에 귀향할 수 있겠으니 어찌 다행한 일이 아니겠습니까?

결국 이 사건은 사헌부에서 오결로 인정하고 임씨 가문의 승소로 확정지었다. 최현의 「언행록」에서는 사법기관도 진상을 알았으나, 임씨들의 위세가 드세서 미루다가 그리 판결하게 된 것이라 말한다. 어느 법정이 옳게 판결한 것인지를 확정할 수는 없겠지만, 모두가 판결을 꺼리는 사안을 부임하자마자 신속히 처리한 것은 김성일이 아니라면 하기 힘든 일일 것이다. 그의 판결문들을 보면, 미천한 이들이 제소한 사건들이라도 합리적이고 신속하게 부지런히 처리하는 것이 한결같다. 이처럼 강명한 소송 처결로 말미암아 임금으로부터 옷 한 벌을 하사 받으면서 칭찬을 듣기까지 했었다. 하지만 이 오결 사건 때문에 학봉도 파직을 예감하는 상황인데, 다른 큰일까지 겹쳐 마침내 해임되었다.

부임과 파직

고을의 사직단社稷壇에 불이 난 것이다. 사직단은 땅과 곡식의 신에게 제사를 지내던 데서 유래한 것인데, 국토와 오곡五穀은 나라와 백성의 근본이 되기 때문에, 역대 임금들을 제사 지내는 종묘宗廟와 함께 국가적 차원에서 중요시되었다. 그리하여 국가를 가리키는 용어로 '종묘사직'이라는 말을 쓰기도 하는 것이다. 조선왕조도 건국 후 바로 지금의 사직공원 자리에 사직단을 큰 규모로 세웠고, 이에 따라 지방의 각 관아에서도 설치하기 시작하였다. 김성일이 부임하여 사직단에 가보니 누추하고 관리도 허술하여 매우 불경스럽기에, 다시 단을 잘 쌓고 봄가을로 제향祭享을 올리며 몸소 깨끗이 청소하니, 아전과 백성들이 비로소 사직단이 중요한 곳인 줄 알게 되었다고 한다. 이 사직단에 불이 나서 재실齋室이 모두 타버린 것이다.

고을에서는 곧바로 새로 짓도록 하고 감사에게는 보고하지 말자고 하였다. 그러나 학봉은 "사직단의 화재는 그 죄가 수령에게 있는 것이다(수령이 파직될 죄이다). 덮어 숨기게 되면 죄를 더욱 보태는 것이다."라고 말하고는 사실을 보고하고 파직되었다. 사람들은 이 일도 송사訟事와 관련된 것으로 보았다. 김성일은 캐지 않았으나, 「언행록」에는 자초지종을 전한다. 화재 사건에 앞서 선조 임금의 장자인 임해군臨海君의 궁노宮奴가 왕자의 농장이라고 하면서 토지와 백성을 침탈하는 일이 있었다. 나주목사는 군졸을 보내 그를 잡아 가둔 뒤 관찰사에게 국문하게 해달라고 요청하였다. 하지만 감사는 감히 그러라는 제사題辭(신청에 대한 처분)를 내려보내지 못했다. 학봉은 두 번 세 번 공문을 보내었다. 그 노비도 여러 방면으로 힘을 썼다.

이런 일은 김성일에게 처음이 아니었다. 1579년 사헌부 장령掌令으로 있을 때는 임금의 형인 하원군河原君 이정李鋥이 작폐를 일으키자, 그의 종을 잡아 가두고 엄히 신문하여 형을 가한 일도 있었다. 고관일 경우 그의 종을 대신 잡혀가도록 할 수 있었다. 이 때문에 노비에게 입힌 일은 그 주인이 당한 것으로 간주된다. 그러니 김성일이 한 일을 듣고서는 떨지 않는 이가 없었다. '전상호'라는 별칭도 이 시기에 얻은 것이다. 저간의 사정을 알 만한 임해군의 궁노는 김성일이 있는 한 약발이 먹히지 않을 줄을 알았다. 마침내 사람을 시켜 사직단에 불을 질러 김성일이 파직되도록 하였다는 것이다.[17]

결국 김성일의 강직함이 목사직의 해임을 불러온 셈인데, 나주에 부임하게 된 것 또한 그 때문이다. 1583년 3월 황해도 순무어사로 가게 되었을 때, 고을 수령이 관곡을 횡령하여 어느 재상에게 뇌물을 준 것을 적발하였고, 그 재상에게 해전海田을 뺏겼다는 백성들의 소장을 접수하였다. 수령의 보고를 받은 재상은 불안했다. 위세가 먹히는 사람도 아니고 해서, 인척이 되는 관리를 통해 공작을 폈다. 경연에서 한 재상이 선조에게 "나주목사 자리가 비었는데, 나주는 땅이 넓고 인구가 많아 다스리기 어려운 지역이니 모름지기 강직한 내신內臣으로 임명하여 보내야 할 것입니다." 하고 아뢰었다.[18] 이리하여 학봉은 서울로 오던 중 개성에서 임명을 받아 바로 나주로 가게 되었다.

『학봉집』의 연표에서는 6월쯤 나주목사에 제수된 것으로 추정한다. 도목정都目政이라 하여 6월과 12월에 관리들을 심사하여 직위를 변경하도록 하는 제도가 있기 때문일 것이다. 『계갑일록癸甲日錄』에는 7월 2일 조에 "도목정을 하여 사순士純(김성일을 가리킴)을 나주목사로 삼았다. 특지特旨이다. 전에 김수金燧의 상벌을 잘못한 것을 들어 하교하셨다."라고 되어 있다.[19] 여기서 마지막 문장이 김성일의 임명과 이어지는 것인지, 별개의 기사인지 뚜렷하지 않다. 『연려실기술燃藜室記述』에 따르면, 그해 2월 김수는 함경도 경원 부사慶源府使로서 여진족 니탕개尼湯介가 쳐들어올 때 싸우다

석문정사 학봉은 파직된 뒤 고향에 내려와 낙동강변에 석문정사石門精舍를 짓고 학문을 연구하면
서 후학을 가르쳤다. 경북 안동시 풍산읍 막곡동 소재.

패하여 성을 빼앗겼다. 그의 목을 베어 군율을 세우도록 하였으나, 김수가
적군 40여 명의 목을 베고 강 건너까지 추격하는 공을 세우자 죽음을 면하
게 되었다. 이즈음에 사헌부와 사간원은 북병사北兵使 이제신李濟臣과 김수
의 처벌을 주장하였는데, 이들이 다시 야인들을 본거지까지 쳐들어가 토벌
하자 감형되었던 것이다.[20] 김수의 상벌을 잘못하였다는 것은 이를 가리키
는 것인데, 당시 학봉이 사간원의 사간이긴 했다.

　아마도 이는 표면상의 이유였던 것 같고, 황해도 순무사 때의 일이 숨은

원인으로 이야기되었던 것이라 여겨진다. 어느 쪽이 실질적으로 작용하였는지는 모르겠다. 양쪽 모두일 수도 있을 것이다. 어쨌든 실제로 나주에 부임한 것은 8월이다. 김성일이 나주에서 지은 시들을 보면[21] 귀퉁진 곳에 와서 한가롭게 지내는 듯이 표현하고 있지만, 그가 남긴 판결문들을 보면 공무에 부지런했음을 알 수 있다. 실제로 그 많은 소송들을 빈틈없이 처리하려면 한가할 수가 없다. 그런 중에도 서원을 세우고 퇴계의 저술을 인쇄하는 등 학문의 진작을 위해서도 애를 썼다. 조목에게 보낸 편지를 보면, 공문들 속에 파묻혀 신경 쓰느라 흰머리가 가득 돋아났다고 실토한다.[22] 거기서도 적당히 지내지 않고서 올곧게 판결한 것이 많은 적들을 만들기까지 하고 결국 잠시 벼슬을 그만두게 된 것이다. 제대로 하려면 법관도 못할 짓이다. 김성일은 역사적으로 판사의 표상이 될 만하다. 이런 나주목사가 맡았으니, 이지도와 다물사리 사이의 소송도 어설피 마무리되지는 않을 것이다. 지켜보자.

관할과 상피

이미 말했듯이 이지도·다물사리 소송도 처음에는 영암에서 제기된 것이다. 하지만 영암군의 아전과 짜고서 벌인 일이라는 이지도의 주장 때문에 아마도 나주로 이송된 듯하다. 이지도는 다투어지는 노비가 속한 관청에서 재판하는 것은 알맞지 않다고 하며 옮겨달라고 관찰사에게 청하였고, 결국 나주로 사건을 보내라는 처분이 내려졌다. 이처럼 도내道內의 모든 송사가 나주로 몰려왔다고 한다. 이를 보고서 그때는 관할도 없었나 하고 생각할 수 있겠다. 당시의 관할은 어땠을까. 답: 관할은 있었다.

현재 소를 제기하고자 하는 이는 상대방, 곧 피고被告의 주소지를 관할하는 법원에 소장을 제출하는 것이 원칙이다. 이 원칙은 조선시대에도 같았다. '척隻'이 있는 관청(隻在官)에 소지를 제출하도록 되어 있었다. 척이란 피고를 가리키는 말이다. 원고原告는 '원고元告'라고 했는데, 지금의 용어와 한자가 다르다. 중국법에서 원고와 피고를 원고元告, 피론被論이라 하여 《경국대전》에서도 이 용어를 채택하였다. 하지만 보통은 피고를 척이라 불렀고, 판결문에도 그렇게 나온다. 남에게 원한 사지 않도록 하라는 뜻으로 쓰이는 '척지지 말라'는 말도 여기서 나왔다고 한다. 원고와 피고를 함께 부를 때는 양척兩隻 또는 원척元隻이라 했다.

이처럼 재판권을 지역적으로 분장하는 것에 대해 현재는 '토지관할'이라는 용어를 쓴다.[23] 조선시대에는 지방관청이 행정 업무와 사법 업무를 모두 통괄하였으므로 지방의 토지관할은 고을의 수령, 곧 목사牧使, 부사府使, 군수郡守, 현령縣令의 직무상 책임이 미치는 범위와 일치하게 된다. 곧, 원고는 피고가 속한 주州, 부府, 군郡, 현縣의 관청에 제소해야 하는 것이다.

서울 지역에서는 사정이 약간 다르다. 소송을 담당하는 중앙관청은 장예원掌隸院,[24] 한성부漢城府, 형조刑曹, 사헌부司憲府가 있다. 장예원은 노비에 관한 송사에, 한성부는 논밭과 집에 대한 송사에 대하여 관할권이 있었다. 형조는 민·형사를 모두 포함하는 사법 전반을 관할하였는데, 지방에서 올라온 민사소송 가운데 전토에 관한 것은 한성부로 이관하고, 노비에 관한 것은 장예원에 내려 재판하도록 하였다. 상피相避가 되는 사건의 경우에는 형조가 직접 심리하기도 하였다. 그리고 왕실 종친宗親에 관계된 소송은 종부시宗簿寺에서 담당하는 것이 원칙이었다.

1900년대 한성부 청사 지금의 서울시청에 해당하겠는데, 조선 후기에는 전국 토지소송의 상급심 역할까지 수행하며, 사헌부·형조와 함께 삼법사三法司로 불렸다. 위치도 형조와 사헌부의 건너편 이었다.

　여기서 상피라는 것은 일정한 범위의 근친 관계에 있는 사람들이 같은 관사에 근무하거나 같은 지휘 계통에 놓이지 않도록 하는 제도를 말한다. 따라서 《경국대전》에서도 관리에 관한 규정집인 〈이전吏典〉의 상피 조條에 올라 있다. 여기서 상피되는 범위를 기재하면서 주석에 "청송聽訟에서도 마찬가지다.(聽訟同)"라고 하여 재판에서도 적용되도록 하고 있다. 이때 상 피의 범위는 송관과 당사자 사이에 적용된다. 송관이 당사자와 상피의 범 위에 드는 관계일 경우에는 재판에 관여할 수 없으며 당연히 배제되어야 한다. 이처럼 당사자와 일정한 관계에 있는 법관이 당연히 배제되어야만

하는 것은 지금 '제척'이란 제도로 운용된다.

현재에는 제척 말고도 기피와 회피라는 제도가 있다. 규정엔 없더라도 재판의 공정을 기대하기 어려운 경우 당사자의 신청으로 법관을 배제시키는 것을 기피라 하며, 회피는 법관 스스로가 제척이나 기피에 해당하는 사유가 있다고 판단하여 재판을 피하는 것을 말한다. 이러한 운영이 전통시대에도 있었다. 송관 자신이 공정성을 의심받을 우려가 있다고 여겨 피하는 경우, 흔히 '피혐避嫌'이란 표현을 많이 쓴다. 의심받을 일을 피한다는 뜻의 일반적인 말이다. 당사자가 송관에 대하여 기피 신청을 하는 경우에는 '귀구歸咎'라는 표현이 쓰였다. 이 또한 허물을 씌운다는, 다소 좋지 않은 의미를 갖는 말이다. 1583년 경상도 의성義城에서 이함李涵과 김사원金士元 사이에 벌어진 소송(이후 이 판결문은 '이함 결송입안'이라 부름)에서는 송관에 대한 기피 신청을 둘러싼 대립이 나타난다.[25]

김사원 이함은 송관과 … 4촌인 데다가, 그의 매부인 이선도李善道는 송관과 동성同姓 5촌 조카이며, 그의 장인은 동성의 유복친有服親(상복을 입어야 할 친척)이니 … 더더욱 소송할 수 없습니다. … 혼인한 집안일 경우 상피한다는 법규정이 있으니, 모든 공문을 다른 관청으로 이송하여주십시오.

이함 김사원은 송관께서 저와 친족으로 연결되어 있어 청송하기에 알맞지 않다고 하였습니다. 하지만 저는 송관과 아내 쪽으로 10촌인 친척일 뿐입니다. 오히려 김사원이 예안禮安으로 장가들어 송관과는 한동네에서 어려서부터 붙어 지냈습니다.

피험하거나 귀구하는 따위가 받아들여지게 되면 새로운 법정이 정해질 때까지 시일이 걸리고, 새로운 법관이 다시 심리를 해야 하기 때문에 판결을 지연시키는 사유가 된다. 당시 관리들에게 소송 심리는 귀찮은 것으로 여겨졌고 뒷말을 들을 우려까지 있기 때문에, 여러 사유를 대서 회피하려는 경향도 있었다. 그리하여 상피에 해당하지 않는 한 재판을 하라고 지시하는 법령이 자주 내려진다. 위 김사원의 기피 신청도 또한 소송지연책의 하나인 것으로 볼 수 있다. 이에 대해 이함은 절차의 지연을 막으려 애쓰고 있는 것이다.

명판결의 한 사례

남원南原에 사는 한 부자는 성품이 미욱한 데다 불교에 빠져서 조상 대대로 쌓아온 재산을 모두 부처 섬기는 데 쓰고, 겨우 얼마간의 논밭만 남게 되었다. 그런데 그것마저 복을 비느라고 만복사萬福寺의 늙은 중에게 시주하고서 영원히 넘긴다는 계약서까지 만들어주었다. 마침내 그는 굶어 죽고 말았다. 자손도 또한 빌어먹으며 돌아다니다가 조만간 구렁에 나뒹굴 지경이 되었다. 그리하여 남원부에 소장을 내어 논밭을 돌려주도록 해달라고 하였으나, 관가에서는 문서를 살펴보고 기각하지 않을 수 없었다. 종문권시행이기 때문일 것이다. 그러자 그 자손은 다시 관찰사에게 항소하면서 끊임없이 호소하던 중, 마침 호남 고을을 안찰按察하던 신응시辛應時(1532~1585)에게 또 소장을 올렸다. 신응시는 손수 판결문을 썼으니, 마치 시詩처럼 대충 운도 맞추었다.

논밭을 시주함은 본시 복을 빌려는 바	捨施田土本爲求福
몸은 굶어 죽고 자식 또한 빌어먹으니	身旣飢死子又行乞
부처의 영험 없음 이로써 결판 나누나	佛之無靈據此可決
땅은 임자에게 복은 부처께 도로 주라	還田於主收福於佛

이 판결에 도내의 모든 이가 시원하게 여겼다. 법조문에만 구애받지 않고 구체적 사정에 맞추어 시원하게 해결한 명판결의 사례로 들어지는 이 이야기는 『목민심서牧民心書』와 『연려실기술』에서 전한다.[26] 아마도 1573년(선조 6) 7월의 일이었을 것이다.[27] 이때 신응시는 사헌부의 집의執義로서 전라도 순무어사巡撫御使의 일을 수행하고 있었기 때문이다. 이런 정황으로 볼 때 지어낸 이야기는 아니라고 여겨지는데, 판결에는 숭유억불崇儒抑佛의 분위기도 한몫을 했으리라. 결국 부자와 노승의 계약을 무효로 만든 것이다. 법률상 근거를 찾기 어려운 상황에서 기발한 논리를 제시하여 딱한 사정을 해결하였다고 볼 수 있다.

이를 굳이 현행법의 관점에서 파악하자면, 사기를 들어 취소하였다고 보거나, 또는 시주 행위를 무상의 증여가 아니라 복福과 논밭을 서로 주고받기로 한 계약으로 보고서 한쪽의 의무불이행으로 말미암아 계약해제하였다고 해석해볼 수도 있겠다. 하지만 짐작건대 신응시는 흉중에서 그 계약 자체를 "선량한 풍속 기타 사회질서에 위반한 사항을 내용으로 하는 법률행위"(민법 제103조)라서 무효라고 여겼을 것이다. 이렇게 하면 어느 쪽이든 법률을 초월한 판결은 아니다. 하지만 민법전이 뚜렷이 정립되어 있던 시절이 아니므로, 당시에는 사리에 맞는 재판으로 "문서에 기재된 바에 따라 처리한다."라는 규정을 뒤집은 것처럼 보였다. 정상은 안타깝지만 법률상 처리해주지 못하는 경우를 종종 보게 될 때, 저 순무어사처럼 시원하게 처결해주면 얼마나 좋을까, 우리 법원이 저랬으면 좋겠다고 하는 바람을 갖기도 할 것이다.

법률에는 일반적이고 포괄적인 규정들이 있다. 이런 경우 선언에 그치는 경우도 많지만, "권리의 행사와 의무의 이행은 신의에 좇아 성실히 하여야 한다."(민법 제2조 제1항)라는 이른바 '신의 성실' 조항과 같은 것은 권리행사의 효력을 부인하는 권능을 갖기까지 한다. 이를 이용하여 부당해 보이는 법 운용을 바로잡고 억울한 서민을 구제하면 되겠다는 생각이 들지 모르겠다. 하지만 모든 민사 법규는 오랜 경험 끝에 그처럼 하는 것이 신의 성실에 가장 합당하다고 여겨지기에 마련된 규정들이다. 그 법조항의 내용대로 권리행사를 하는 것이 부당하다고 말할 때에는 여간 신중해서는 안 된다. 이런 추상적인 조문으로 사안을 해결하려 드는 버릇이 생기면, 수많은 구체적 규범들이 유명무실해지고, 소송은 그야말로 원님재판이 될 수도 있다. 무엇보다도 법치주의가 훼손될 우려가 크다. 그리하여 신응시의 판결과 같은 것은 함부로 할 일이 아니라고 옛사람이나 오늘날의 현자들이 충고하는 것이다. 그런 재판을 할 때에는 세심히 궁구하여 구체적인 조문을 적용시켜서 해결함이 바람직하다.

만복사 재판에 대해 남과 다른 견해를 제시해보기도 했지만, 여러 생각을 하게 하는 명판결이 틀림없다. 이런 처결이 내려질 수 있고, 사람들에게 납득될 수 있었던 데는 신응시라는 인물의 영향력도 적지 않다. 그의 공정함은 일찍부터 인정받고 있었다. 신응시가 죽었을 때 조선왕조실록의 사관은 "정신이 깨끗하고 밝았으며, 풍모가 높고 넓었다. … 차분히 자신을 지키고 권세가에 아부하지 않았으며, 낮은 벼슬도 하찮게 여기지 않고 오직 직무에만 부지런히 힘썼다. … 논의가 치우치지 않고 공정하여 결코 사심에 기울지 않았다." 하고 사람됨을 평가할 정도였다.[28] 그리고 뒤에 나올 터이지만, 우연히도 이지도와 다물사리의 송사에 관련이 된다.

2장 또 다른 노비소송 "나는 양인이로소이다"

허관손의 상언

1568년(선조 1) 3월 허관손許寬孫은 임금이 행차하는 길에 달려 나가 엎어지면서 자신의 억울함을 호소하였다. 대단히 불경한 일이 아닐 수 없다. 하지만 곤장을 맞더라도 도저히 임금께 고하지 않을 수 없는 애통한 정황이 있었던 모양이다. 이런 경우 임금은 처벌을 하더라도 그의 사정만은 들어주는 것이 상례이다. 조선 후기에 가서는 이러한 방식이 법제화되어 제도로 정착된다.[1] 이를 상언上言이라 한다. 때로는 꽹과리까지 치면서 하소연하는 일도 있어 격쟁상언擊錚上言이라 하기도 한다. 허관손의 호소는, 판결로 말미암아 졸지에 자신의 처자식들이 노비가 되어버린 뼈아픈 일을 아뢰며 바로잡아주시길 구하는 것이었다. 임금은 장예원에 이 사건을 내려보내 잘 가려내라고 지시하였다.[2]

이 사건은 매우 오래되어 30년이 넘도록 계속되고 있는 사안이었다.

화성능행도 병풍 가운데 〈환어행렬도〉의 일부

〈화성능행도華城陵幸圖〉는 정조가 1795년에 아버지 사도세자의 능인 현륭원이 있는 화성으로 행차하고 어머니 혜경궁 홍씨의 회갑연을 베풀었던 행사를 비단에 그린 8폭 병풍이다. 그중 〈환어행렬도還御行列圖〉는 행사를 마치고 서울로 돌아가는 장면이다. 임금의 이러한 능행陵行은 격쟁 상언을 하는 좋은 기회로 이용되었다. 특히 정조는 현륭원에 자주 행차하여 그 길에서 많은 민원을 받았다. 국립고궁박물관 소장본. 그 밖에 국립중앙박물관과 삼성미술관 리움 등에도 소장되어 있다.

1532년(중종 27) 유희춘柳希春(1513~1577)의 어머니 최씨가 허관손의 장모인 수청水淸을 자신의 노비라고 장예원에 제소한 데서 발단한 것이다. 미암眉 巖 유희춘은 조선 중기의 문신으로 중종 33년(1538)에 급제하여 수찬, 정언 등의 벼슬을 하였다. 명종 연간에는 내내 유배되어 있었지만(1547~1567), 선조가 즉위하면서 풀렸고 이후 대사성, 부제학, 전라도 관찰사, 예조·공 조·이조참판까지 지냈다. 학식도 깊어 많은 저서를 남기기도 하였다.

그가 생전에 남긴 글과 저작들은 『미암집』으로 모아졌다. 거기에는 그 의 일기도 실려 있는데, 복권 때부터인 1567년 10월부터 시작한다. 그런 데 『미암집』에 실린 일기의 저본도 또한 전해지고 있어서, 앞의 것과 구별 하여 『미암일기초眉巖日記草』라 부른다.[3] 이는 실록을 편찬할 때 참고되기 도 하였을 뿐 아니라, 현재는 당시의 생활사를 연구하는 중요한 자료로 평 가된다. 허관손의 사건도 이 일기에 실려 있는 것이다. 하지만 『미암집』의 일기에는 완전히 삭제되어 있다. 원본에서 그리 아름답지 못한 내용들은 걸러내고서 문집에 수록한 것이라 할 수 있겠다.

유희춘의 외증조부의 처삼촌이 되는 이로서 차헌車軒이 있었는데, 그의 천첩賤妾에서 난 아들이 보남甫南이고 그의 딸이 수청이다. 유희춘의 어머 니는 수청이 자신에게 상속되었다고 주장하면서 소를 제기한 것이다. 일 반적으로 이럴 경우 유희춘이 어머니를 대리하는데, 당시 그는 지방의 수 령이었으므로 그녀의 종이 소송을 수행하였을 것이다. 앞서 본 대로 어버 이의 어느 한쪽이 천인이면 자식도 천인이므로 수청은 노비이며, 수청의 딸과 혼인한 허관손의 자손들도 또한 노비가 된다. 그렇다면 당시의 법제 상 허관손이 억울해할 일은 아닌 것이다. 그런데 왜 허관손은 몇 십 년간 소송하며 마침내 임금 앞에까지 이르게 된 것인가.

보충대

조선의 법제는 양인과 천인이 서로 통혼하는 것을 엄격히 제한하였고, 엄한 처벌 규정도 마련하였다. 양천 간의 혼인으로 나온 자손을 노비가 되도록 한 것도 그에 대한 규제일 수 있다. 하지만 양천 간의 혼인은 일반적으로 나타나는 현상이었고, 천인을 첩으로 두는 예는 무수히 많았다. 노비인 첩의 자녀, 이른바 천첩자녀는 또한 노비로서 아버지의 다른 자손들에게 상속될 수 있는 존재이다. 곧, 자신의 배다른 형제들에게 부려지게 되는 것이다. 이는 별로 보기 좋은 광경이라 할 수 없고, 사람의 정리상 차마 못하는 일이기도 하다. 그러다 보니 사환되지 못하다가 면천免賤되거나 공노비가 되기도 하는 모양인데, 잘 부려먹도록 하라는 법령이 내려지기도 하였으니 가혹한 느낌이 있다.[4]

갑인년(1554) 3월 27일 승전承傳

골육상잔骨肉相殘이라 사환할 수 없다는 규정은 법전에 실려 있지 않거늘, 습속에 전해져 법이 있는 것으로 여기고 재판할 때마다 속공屬公시키니 매우 부당하다. 노비와 주인의 사이는 매우 엄격한데도, 형제와 4촌을 부리는 것이 참으로 인륜을 가로막는 것이기 때문에, 당사자가 이미 천적賤籍에 있더라도 형제와 4촌이라서 사환되지 못하고 얼마 뒤 면천한다. 하지만 《대전속록》, 《대전후속록》, 《명률》에는 그런 말이 한마디도 없다. 다만 《경제육전주해》(속집)에 "할아버지의 비첩婢妾 소생은 본래 동기이니 노비의 예로써 일 시키지 못한다."고 하였다. 이를 볼 때 형제와 4촌은 부리지 못하더라도 5, 6촌이 되면 친속이 점점 멀어져 사

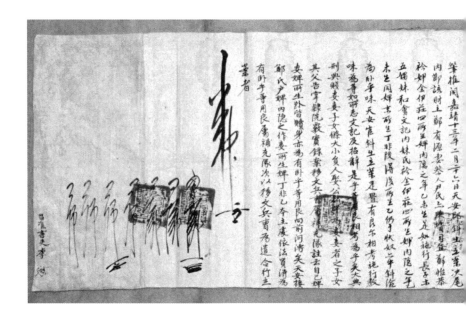

환하여도 안 될 것이 없다. 그런데도 근래에 관리들은 골육상잔이라는
헛말에 넘어가 매번 국가에 귀속시킨다고 한다. 이는 한편으로 남의 노
비를 빼앗는 것이요, 다른 한편으로는 천인을 양인으로 만드는 것이니,
모두 옳지 않다. 방역노비放役奴婢의 예에 따라 5, 6촌부터는 일을 시켜
도 부당하지 않다. 골육상잔은 본래 법전에 없다는 취지를 서울과 지방
에 잘 알려, 이제부터는 영원히 금지하도록 한다. 다만 이미 속공한 것
은 다시 심리하지 말아서 시끄러운 폐단이 생기지 않도록 한다. 형조에
전교傳敎한다.

남북전쟁 이전 미국에서는 흑인 노예를 취해 출산시켜 노예를 증식하는
예가 있었다고 들었다. 조선에도 천첩을 얻어 그런 식으로 노비를 늘리려

1532년(중종 27) 보충대 입속을 허가하는 장예원의 입안

진사 하단河溥이 자신의 비첩인 내은지內隱之와 그의 소생 정비丁非를 천안에 사는 정씨에게서 사들인 뒤 딸 정비를 보충대에 입속시켜줄 것을 신청하였고, 장예원은 문서를 상고하여 사실 확인하고서 법전의 규정에 따라 입속을 허가하여 병조兵曹에 이첩한다는 내용. 유일하게 원본으로 남아 있는 입속 허가의 입안이다.

는 이가 없지 않았을지 모르겠다. 하지만 아버지의 입장에서 볼 때 천첩자녀도 자신의 피가 흐르는 자식이 틀림없는데, 그를 비롯한 자손들이 이후 노비로서 다른 자식들에게 부려지며 살아가야 한다는 것이 마음 편한 일일 수 없음은 일반적인 정리이다. 그리하여 일정한 지위에 있는 이들에 대해서는 그의 비첩婢妾 소생들을 양인으로 만들 수 있는 길을 열어놓았다.

우선 종친과 같이 존귀한 혈통은 아무리 천한 피와 섞여도 그 자손이 천해지지 않는다. 따라서 노비를 벗어나기 위한 어떠한 절차도 필요 없다.

다음으로 2품 이상의 고관인 경우에 그의 천첩은 자신의 여종을 대신 장예원에 신고시키고서 노비를 면할 수 있다. 물론 그의 자손들은 양인이 된다. 그리고 《경국대전》〈형전〉의 천처첩자녀賤妻妾子女 조에는 "대소 관료(大小員人)로서 공·사노비를 아내나 첩으로 삼은 이의 자녀는 그 아버지가 장예원에 신고하면, 장예원이 사실을 확인하여 장부에 기록하고 병조에 공문을 보내어 보충대에 들어가도록 한다."고 규정한다.[5] 그리하여 어머니가 노비더라도 아버지가 관료인 자녀들은 보충대에 편성됨으로써 양인이 되었고, 일정한 직역을 수행하고 나서는 벼슬을 얻을 수도 있었다. 여성의 경우에는 입역立役이 면제되었다.

이처럼 관료의 자손은 어머니가 노비더라도 양인이 될 기회를 가질 수 있었다. 이러한 제도를 일반 양인의 경우까지 확대하자는 논의가 일찍부터 있었다. 사노비의 경우 국역을 지지 않고 주인에게 신역身役을 부담하기 때문에, 국부의 관리 차원에서는 사천私賤의 증가가 바람직하지 않다. 하지만 고려와 조선의 집권층들은 노비 문제에 대해서만큼은 결코 양보하려 하지 않았다. 넘쳐나는 노비소송에 지친 태종이 "사전私田을 혁파하였듯이 사천제도를 없애버리면 이런 폐단은 없어질 것"이라 말하였다. 이때 영의정 유정현柳廷顯이 노비는 동방의 까닭 있는 제도이므로 갑자기 없앨 수는 없다고 맞섰다.[6] 물론 태종의 생각은 실현되지 못하였다.

보충대 입속의 기회를 일반 양인층까지 확대하려는 시도는 많은 논란을 낳았고, 시행과 폐지를 되풀이하였다. 《경국대전》의 최종판이 시행된 지 6년 만인 1491년(성종 22), 위의 규정에서 '대소 관료'라는 낱말 다음에 '~와 양인(及良人)'이라는 글을 끼워넣자는 논의가 제기되었다. 이때 성종은 영돈녕 이상의 대신과 육조, 한성부의 고위 관료, 삼사의 관원들까지 참여하는

회의를 열어 신하들의 의견을 들었고, 대부분 신료들의 견해와 달리 소수 관원의 주장을 따라 '~와 양인'의 삽입을 결정하였다. 하지만 이후의 집요한 반대를 이기지 못하고 이듬해에 바로 폐지하였다. 이러한 식의 논의 끝에 결국 1543년(중종 38)에 나온 《대전후속록》에는 '~와 양인'이 삽입되었다.[7] 하지만 법제가 이처럼 정리되었어도 실제로 양인으로 만드는 데는 많은 어려움이 있었다. 미암도 같은 경우에 처하게 된다. 하지만 그의 형편은 남들에 견주어 매우 나았다.

유희춘의 자녀들

유희춘은 부인 송씨宋氏와의 사이에 아들과 딸이 하나씩 있었다. 아들의 이름은 경렴景濂으로 찰방 벼슬을 지냈고, 김인후金麟厚의 딸과 혼인하였다. 딸은 선전관을 지내기도 한 윤관중尹寬中의 아내가 되었다. 문벌에 어울리는 혼맥을 쌓고 있다고 하겠다. 그리고 당시의 다른 양반들과 마찬가지로 첩들을 거느리기도 했던 모양이다. 그들과의 사이에서도 자식들이 있었는데, 아들은 없었던 듯하다.

굿덕(仇叱德)이라는 첩이 있었다. 유희춘이 그녀를 무자戊子라고도 불렀던 것으로 보아 1528년생이었는지도 모른다. 그렇다면 미암과 열다섯 살정도 차이가 나는 셈이다. 언제부터 첩이 되었는지는 알 수 없다. 미암이 함경도 종성鐘城에서 유배 생활을 하던 시기일 것으로 추측되기도 한다. 무자년생으로 본다면 미암의 유배 첫 해인 1547년에 스무 살이 되므로, 오늘날로 보면 그 이후 첩이 되는 것이 적당한 짐작이긴 하다. 당시는 훨씬 일찍 혼인하던 시절이고, 그의 딸 해성海成의 결혼도 15세 전후였던 것으로 보이니 단정할 수는 없겠지만, 자식들이 태어난 것이 1550년 이후인 것으로 보아 그랬을 가능성은 크다. 어쨌든 오랜 유배 생활을 같이 하면서 네 자식을 두었으니 그 정은 각별했을 것이다.

굿덕은 계집종이었다. 따라서 미암과 같이 살지만 상전인 이구李懼에게 해마다 신공을 바쳐야 했다. 당연히 굿덕의 자식 또한 노비였다. 그들은 해성, 해복海福, 해명海明, 해귀海歸로, 모두 딸이다. 부모와 함께 살았을 것이다. 유희춘은 이들을 모두 양인으로 만들려 했다. 굿덕이 자기의 노비가 아니라 남의 계집종이기 때문에 그 일은 훨씬 힘이 들었다. 그 자식들도 또한 모두 누군가의 노비로 되어 있으므로 상전에게 상응하는 대가를 제공하고서야, 남의 역에서 풀려나는 속신贖身이 가능했다. 더구나 소유관계도 달라져 있었다. 둘째 해복의 상전은 어머니의 경우처럼 이구였는데, 맏딸 해성은 홍반洪磻의 소유였다. 해명과 해귀의 주인은 이구의 사위인 이정李瀞이었다. 이구의 딸이 시집갈 때 딸려 보내면서 증여한 듯하다.

다행스러운 점은 미암이 양인 만들기, 곧 속량 작업을 시작한 1568년은 귀양살이가 끝나고 복권된 이듬해로서 승진가도를 달리기 시작한 시점이란 것이다. 남에게 속한 천첩자녀의 속량은 그 주인에게 다른 노비를 제공하거나 그에 상응하는 대가를 지불하여 속신에 대한 합의를 보아야 한다. 그런 연후에나 보충대에 입속을 신청할 수 있는 것이다.[8] 《경국대전》에는 상전이 듣지 않을 때는 관에 고하라는 규정이 있지만,[9] 이 얼마나 힘든 과정이겠는가. 더욱이 자식의 상전보다 지나치게 지위가 낮은 경우에는 교섭 자체가 쉽지 않을 것이다. 한때 자신이 스승 역할을 하기도 했던 선조가 즉위함으로써 유배도 풀리고 벼슬도 다시 제수되는 등 앞길이 밝은 유희춘에게는 이 어려운 속량 작업이 비교적 순조롭게 풀려갔다.

얼녀 네 명 모두 양인이 되다

굿덕과의 사이에서 낳은 맏딸 해성은 1568년에 시집을 갔다. 남편은 양인인 모양인데, 그 자손들은 물론 노비가 될 것이다. 유희춘의 마음이 좋을 리가 없다. 해성을 속량시켜야 앞으로 보게 될 귀여운 외손주들이 노비 신세를 면할 텐데. 딸을 혼인시킨 지 사흘 만인 5월 25일, 미암은 집에 온 홍반에게 간곡히 사정했다. 말을 대신 줄 터이니 속신시켜달라고. 홍반은 받아들였다. 유희춘은 무척 기뻤던가 보다. 일기에도 "너무 기쁘다. 너무 기쁘다." 하고 적었다.[10] 상전이 속신 교섭에 응하지 않고 억지를 부려 고생하는 일도 적지 않은 터에 이처럼 원활히 해결되니, 작년부터 신수가 잘 풀린다고 느꼈을지 모른다. 보충대 입속 건은 장예원의 서리가 직접 집으로 찾아와서 처리해 갔다. 벼슬이 좋긴 좋은가 보다.

이듬해 5월에는 둘째 해복의 속량에 들어갔다. 해복의 상전 이구는 더욱 호의적이었다. 이정의 삼촌을 통해 속량시켜줄 의사를 전하기까지 하였다. 미암은 이번에도 말로 값을 치르려 하였다. 말은 해성의 속량 때와 마찬가지로 그녀의 남편인 정홍鄭鴻이 제공하기로 했다. 부유한 집안이었던 모양이다. 그런데 이구는 말도 받지 않겠다고 했다. 대신 그는 사위 이정이 벼슬할 때 도와달라는 부탁을 하였다. 이때는 미암이 받아들이지 않았다.

그러던 중에 장예원 서리가 와서 보충대 입속 신청서를 받아갔다. 《경국대전》에 따르면, 자녀의 나이 16세가 찰 때까지 장예원에 신고를 해야 하

모현관과 미암박물관

모현관慕賢館은 1957년 미암의 후손들이 주도하여 『미암일기』 및 미암집 목판을 비롯해 유희춘과 관련된 고적을 보관했던 건축물이다. 화재와 도난을 우려하여 연못 가운데 건물을 세웠다. 건물 자체가 국가등록문화재로 등록되어 있다. 유희춘의 저작들은 현재 미암박물관으로 옮겨 전시되고 있다.

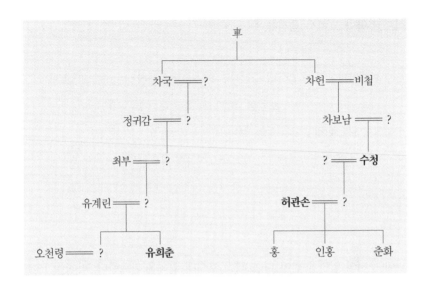

유희춘과 허관손의 가계도

는데, 자기 비첩의 소생이 아닐 때에는 신고 후 3년 안에 속신시키고 입안을 받아야 하는 것이다.[11] 그 때문에 유희춘이 3년 안에 해복의 역을 풀어주지 못하면 해복은 노비로 굳어지고 마는 상황이었다. 결국 1년 뒤 미암이 조건을 수락하였는지 딸은 방량되었다. 나중에 유희춘은 이구의 사위인 이정의 벼슬을 위해 애쓰는 모습을 보여준다. 거래를 떠나서라도 이정은 남은 두 딸 해명과 해귀의 상전이 아닌가.

해명과 해귀의 속신이 완료된 것은 1576년이다. 이미 1572년 말에 이정은 유희춘에게 협력하겠다는 언질을 주었다. 그리하여 1575년 말에 해명과 해귀의 매매가 이루어졌다. 매수인은 해명의 남편인 장이창張以昌이었다. 『미암일기』 제10권 끝부분에는 메모와 같은 글들이 몇 가지 붙어 있다. 그 가운데에는 이 매매문기의 일부인 듯한 것도 보인다. 일반적인 형

식으로 약간 고쳐서 옮긴다.[12]

> 위 명문明文은 쓸데가 있어서 서울 사는 유학幼學 이정이 굿덕의 3소생
> 비婢 해명 나이 19 무오년생, 4소생 비 해귀 나이 15 신유년생을 방매
> 放賣하는 것이다. 유柳 동지께서 얼녀孽女(천첩의 딸) 때문에 골육의 정을
> 이기지 못하여 속신해주길 간청하는 까닭에 비婢 해명 나이 19 무오년
> 생, 4소생 비 해귀 나이 15 신유년생 2구(口: 노비를 세는 단위)에 대하여
> 저화楮貨 600장으로 값을 쳐서.

이 문서의 입안을 받아 다음 해에 보충대 입속을 완료한다. 마침내 1568
년부터 8년에 걸쳐 힘쓴 끝에 천첩 자식들을 모두 속량하게 된 것이다. 속
이 후련하였을 것이다. 미암은 외친다. "얼녀 네 명이 모두 몸을 씻어 양인
이 되었다. 어찌 이리 기쁜지!"[13]

임금에게까지 호소하다

허관손의 장모인 수청의 아버지 보남도 보충대 입속으로 양인이 될 수
있는 상황이었다. 그런데 앞에서 보았듯이 아버지가 관료라 하여 천첩자
녀가 무조건 양인이 되는 것이 아니라 장예원에 신고하여 보충대에 입속
하는 절차를 밟아야만 하는 것이다. 이때 장예원에서는 그에 관한 입안을
발급해준다. 이러한 절차를 거치지 않은 경우에는 양인이 되지 못한다. 결
국 보남이 과연 보충대에 입속되었는지 아닌지에 소송의 성패가 결정되는

것이다. 유희춘의 어머니 최씨는 보남이 장예원에 신고된 바가 없다고 하여 자신의 노비라 주장하는 것이다. 허관손이 임금께 호소한 그해 유희춘은 자신의 맏딸을 속량시키기 위해 온 힘을 다하는 중이었다. 그러면서도 유희춘은 보남이 같은 사유로 종량從良되는 것은 용납을 하지 못했다. 그 자손은 자기 일가친척의 재산이 될 것이므로.

『미암일기』에 나타난 자료를 바탕으로 사건을 시간 순서에 따라 구성해보자. 1532년 유희춘의 어머니 최씨가 소를 제기한 사유는 이렇다. 보남은 정귀감鄭貴瑊의 사내종인데, 보충대로 양인이 되었다고 사칭하였지만 골육상잔이라 추심하지 못하였다. 세대가 흘러 촌수가 멀어지자 상속인인 최씨가 보남의 딸인 수청을 추심하려 하였으나, 그녀가 욕설을 하며 거부하여 장예원에 소지를 제출하게 되었다는 것이다. 12년이 지난 1544년(중종 39)에야 최씨가 승소하였다. 판결이 난 곳은 전라도 강진현康津縣이었다. 척재관으로 이송된 듯하다. 이송도 있긴 했지만 꽤 오랜 시간이 걸렸다. 그 사이에 수청은 죽었을지도 모른다. 간단치 않은 소송이었던 탓일까.

다투어지는 사실, 곧 보남의 보충대 입속 여부는 워낙 오래전에 발생한 것이기에 밝히기가 쉽지 않았을 것이다. 신고 의무자인 차헌은 최씨의 증조부뻘인 것이다. 허관손은 처조부인 차보남의 속신입안이나 입역 기록 등을 갖고 있지 못했던 모양이다. 반면에 최씨는 차보남의 이름이 들어간 상속문서 따위를 서증으로 제출한 듯하다. 그런데도 바로 결정되지 않은 것으로 보아 허관손이 다른 만만찮은 간접증거들을 보유하고 있었다고 할 수 있다. 당시 분위기의 영향도 있었을지 모른다. 보충대 문제와 관련하여 보았듯이 양인을 확대하려는 정책과 집권층의 기득권 유지 경향이 충돌하여 논란이 뜨거웠던 시절이었다. 그리하여 1554년(명종 9) 수교受敎의 내용에서 보듯이 세대가 오래된 천첩자녀의 자손은 면천시키거나 공노비로 삼는 판결도 흔했던 모양이다. 송관이 이런 기류의 추이를 살피려 했을 수도 있다.

처자식이 졸지에 노비로 될 판이라 허관손은 쉽사리 승복할 수 없었을 것이다. 계속 소를 제기하였다. 1551년(명종 6)에는 그가 승소 판결을 얻게 된다. 하지만 이후 최씨가 죽자 상속인인 유희춘의 누나가 1564년(명종 19)에 다시 제소하였다. 이번에는 그녀가 이듬해에 승소하였다. 1566년 허관손은 사헌부에 상소上訴하였지만, 패소하였을 뿐 아니라 형벌까지 받았다. 처벌 사유는 나와 있지 않지만 비리호송非理好訟, 곧 공연히 소송하길 즐긴다는 이유였을 것이다. 1568년 3월 마침내 허관손은 임금의 행차에까지 뛰어들게 된 것이다.

임금의 지시로 일을 맡은 장예원은 전라도에 사건을 내려보내 심리하도록 하였다. 3월 6일 유희춘은 1544년 당시 강진현감이었던 최제운崔霽雲을 만난다. 그때 유희춘도 전라도 무장茂長현감이었다. 허관손은 이러한 관계를 들면서 1544년 판결이 부당하게 이루어졌다고 주장한 것이다. 기나긴 귀양살이를 마치고 작년 말에 겨우 복권되어 홍문관 교리를 거쳐 현재 사간원 사간의 직책을 맡고 있는 유희춘으로서는 곤혹스러운 상황이었다. 3월 24일에 사직을 청하는 계문을 올리기도 하였다. 그런데 이미 같은 달 20일에 장예원에서 유희춘을 두둔하는 계문을 올렸다는 사실을 들었기 때문에, 그의 사직서는 사건 해명의 성격이 강하다고 할 수 있다. 결국 임금은 장예원의 계문을 받아들이고 사건은 마무리되었다.

그해 8월 허관손은 이 건을 다시 사헌부에 제소하였다. 처음에는 허관손에게 유리하게 돌아갔던 것 같다. 그해 8월 19일에 사헌부의 관리가 와서

광화문 앞 육조 거리
형조와 사헌부는 왼쪽 건물 쪽에 있었다. 해태의 위치가 현재와 달리 광화문에서 좀 멀리 떨어져
있다. 흔히 해태는 화재를 막는 신수神獸로만 알려져 있는데, 그보다는 전통적으로 법률을 담당
하는 상징으로 주로 쓰였다. 그리하여 사헌부의 관리는 관복의 흉배에 문반을 상징하는 두루미
도, 무신을 뜻하는 범도 아닌, 해태를 수놓았다. 해태는 화기를 삼기는 용도 외에 법의 상징으로
서 삼법사三法司, 즉 형조, 사헌부, 한성부 부근에 세운 뜻도 있지 않을까 여겨진다. 사진은 1900
년경에 촬영된 것으로 추정된다. 서울역사박물관 소장.

유희춘에게 전해주는 소식에 따르면, 병조에 가서 입거안入居案을 조사해 본 결과 보남의 입거 사실이 믿을 만하다고 했다. 보남이 보충대에 입속하여 변방에 들어가 복무하였다는 말인 듯하다. 하지만 같은 달 29일 미암에게 낭보가 날아들었다. 이사문李士文이 사의司議 조필趙珌에게 1544년의 판결을 찾아내도록 지시해놓았는데, 마침내 입수하였다는 것이다. 말할 것도 없이 이는 증거로 제출되었을 것이다. 그 결과 사헌부에서는 허관손의 청구, 그리고 이에 맞선 유희춘 누이의 소지를 모두 각하하고 사건을 마무리 지었다. 뒤에 보게 될 삼도득신三度得伸의 규정을 적용한 것이리라 여겨진다. 마침내 유희춘의 누나는 다음 해 7월 허관손의 아내와 그의 세 자녀를 잡아다 부릴 수 있게 되었다.

유희춘은 집권 세력의 변화로 유배에서 풀려나 출세가도를 달리는 고위 관료였던 반면에, 허관손은 해남海南의 율생이라는 지방의 하급 아전에 지나지 않았다. 양반, 상민, 노비 할 것 없이 소송능력은 법적으로 제한 없이 인정되었지만, 현실적으로는 고위 관리에 맞서는 소송에는 어려움이 많았다. 지금으로 치면, 고액을 들여 전관예우 변호사를 고용한 상대방에 맞서나 홀로 본인소송을 하는 당사자가 고단하기 짝이 없는 것과 마찬가지다. 사헌부, 장예원의 관리들은 수시로 미암에게 와서 심리의 진행 상황을 보고하였으며, 그의 동료 관리들은 행정조직을 동원하여 24년 전의 판결을 찾아내는 등 유리한 증거를 모았다.

송관들 또한 유희춘과 가까웠다. 전라도 강진에서 이루어진 제1심 소송 당시 유희춘은 같은 전라도인 무장의 현감이었다. 또 1568년 전라도에서 심리가 이루어질 당시 전라 감사는 송찬宋贊으로, 그는 미암과 생원시生員試 합격 동기同期였다. 현재의 사법연수원 입소 동기에 해당하겠다. 이런 관계가 판결에 영향을 미쳤을지도 모른다. 더구나 한 번 있었던 허관손의 승소도 유희춘의 유배 시절에 이루어진 것임을 보면 그럴 가능성을 배제할 수만은 없을 것이다. 진실 여부는 확인할 수 없겠지만, 예나 지금이나 그럴 수 있다는 의식은 갖고 있는 듯하다. 이런 풍조를 엷게 만드는 것은 사법제도의 건실한 운영이다.

황새 결송

19세기에 발간된 『삼설기三說記』라는 고대소설집에는 「황새 결송」이라는 이야기가 실려 있다.[14] 그리 길지 않은 액자형 우화소설로서 소송 사정을 풍자하고 있다. 적당히 표기법을 고치면서 풀어 쓰고, 내용은 좀 줄여서 옮겨보겠다.

> 경상도 땅에 한 사람이 있으니 대대 부자로 1년 추수가 만석을 넘었다. 일가 중에 한 패악무도한 놈이 있어 여기저기 떠돌다가 홀연히 나타나, "너희는 참 잘사는구나. 너 잘사는 것이 모두 조상 전래의 재물(祖上傳來之物) 덕이 아닌가. 우리 서로 고조할아버지가 같은 자손인데 너만 홀로 잘 먹고 잘 입어 부족한 것 없이 지내니 어찌 애달프지 아니하리요. 이제 그 재물의 반을 나누어주면 무사하려니와 그렇지 아니하면 너를 살지 못하게 하리라." 하고 말하면서 밤새 떠들다가 불까지 놓으려 하였다. 동네 사람들이 그 거동을 보고 그놈의 몹쓸 심사를 헤아리매 차마 분함을 이기지 못하여 가만히 주인 부자에게 권했다.

"그놈을 그저 두지 말고 관가에 제소하거나 감영監營에 의송議送하거나 하여 다시는 이런 일 없도록 하는 것이 좋겠다."

그 부자 이 말을 듣고 옳게 여겨 가로되, "이놈은 좀처럼 숙이지 않을 놈이라, 서울에 올라가 형조에 제소하여 후환이 없게 하리라." 하고, 그놈을 이끌고 함께 서울로 올라오니라.

이 부자는 지방에 있지만 글도 익히고 경전을 널리 알아 말주변도 있으며 주제넘은 문자도 쓰더니, 이러한 일을 당하매 승소를 제대로 하리라 여겼다. 더욱이 분하고 절통함을 이기지 못하여 이놈을 형벌을 받고 유배되도록 하여 다시 꿈적 못하게 하리라 마음먹었다. 형조에 원정原情을 올렸다.

"소인은 경상도 아무 고을에서 사옵더니 천행으로 가산이 풍족하오매 자연히 친척의 빈곤하온 사람도 많이 구제하였습니다. 소인의 일가 중 한 놈이 있어 떠돌기에 불쌍히 여겨 집도 지어주며 전답도 사주어 살게 하였지만, 그놈은 온갖 노름하기와 술먹기를 좋아하여 가산을 다 팔아 없애고 정처 없이 다니기를 좋아하였습니다. 장사질이나 하라고 밑천 돈을 주면 또 없애고, 간혹 와서 재물을 얻어 가기도 하고 이삼 백냥, 사오 백냥을 물어내기도 무수히 하였습니다. 그러더니 요사이는 흉악한 마음을 먹고 소인을 찾아와 발악과 욕설을 하며, 재물과 전답을 반씩 나누어 가지지 아니하면 죽여 없애겠다면서 날마다 싸우며 집에 불까지 놓으려 하니, 이런 놈이 천하에 어디 있사오리까. 차마 견디지 못하와 불원천리 하여 자세한 사정을 올리웁니다. 이런 부도덕한 놈을 특별히 처치하야 지방 백성이 살 수 있게 하여주시길 천만 바라옵나이다."

관원이 그 원정을 자세히 보고 서리胥吏에게 분부하여, "나중에 법정이 열릴 때 처결하겠다."라고 하고서 보질 않았다. 부자는 여러 날 동안 법정이 열리기만 기다리고 있었으니, 그 사이에 서리나 찾아보고 낌이나 얻을 것이지, 제가 그르지 않다는 것만 믿고서 아무도 찾아보지 않은 채, 절통한 심사를 견디지 못하여 그놈이 속히 죽기만 기다리고 있을 뿐이었다. 그놈은 놀기를 즐겨 두루 돌아다닌 탓에 보고 들은 것이 많아 시속 물정을 아는지라. 한편으로 친구도 찾으면서 형조에 청請길을 뚫어 당상堂上이며 낭청郎廳이며 서리, 사령使令까지 끼게 되었다. 자고로 송사는 눈치 있게 잘 돌면 이기지 못할 송사도 아무 탈 없이 승소하는 법이라.

개정의 날이 되어 당상은 가운데 앉고 낭청들은 동서로 늘어서고 서리들은 툇마루에서 거행하니 엄숙함이 비할 데 없더라. 사령에게 "양 당사자를 불러들이라." 하고 분부하여 섬돌 아래 꿇리며 말하였다.

"네 들으라. 부자는 너같이 무지한 놈이 어디 있으리요. 네가 자수성가를 했더라도 가난한 친척을 살리고 불쌍한 사람을 구하여야 할 것인데, 하물며 너는 조상의 기업으로 대대로 치부하여 만석꾼에 이르렀으니, 흉년에 이른 백성이라도 진휼賑恤해야 하거늘 너의 가까운 친척을 구제치 아니하고 송사하여 물리치려 하니 너같이 무뢰한 놈이 어디 있으리요. 어느 자손은 잘 먹고 어느 자손은 굶어 죽으면 네 마음에 어찌 죄스럽지 아니하랴. 네 한 짓을 헤아리면 마땅히 형벌을 가하여 유배해야 할 것이나, 패소만 시켜 내치노니 네게는 이런 상덕上德이 없는지라. 저놈 달라 하는 대로 나눠주고 친척 간 서로 의를 상하지 말라."

그리고서 사령들에게 말하였다.

"그대로 다짐을 받고 끌어 내치라."

부자는 그놈의 청으로 정작 무도한 놈은 착한 곳으로 돌아가고 나같이 어진 사람을 부도不道로 보낸다고 생각하니, 가슴이 터질 듯하여 해명을 하고자 하나 서리 같은 호령에 내쳐지거늘, 분하고 애달픈 마음에 '내가 크게 소리를 내어 전후사를 아뢰려 하면, 필경 관전官前에서 발악한다고 뒤얽을 것이라. 청 듣고 송사도 지게 하는데 무슨 일을 못할 것이며, 무지한 사령 놈들이 함부로 두드리면 고향에 돌아가지도 못하리라. 내 송사는 지고 가거니와 이야기 한마디를 꾸며내고 조용히 갈 터이니 만일 저놈들이 들으면 무안이나 보이리라.'라고 생각하고서, 다시 일어나 섬돌에 가까이 다가앉으며 고하였다.

"소인이 천리에 올라와 송사는 지고 갑니다만 들음직한 이야기 한마디 있사오니 들어주십시오."

관원이 이 말을 듣고 매우 우습게 여겼지만, 평소에 이야기 듣기를 좋아하는 고로 시골 이야기는 재미있는가 하여 듣고자 하나, 다른 송사도 결단치 아니하고 저놈의 말을 들으면 남이 보아도 체모에 괴이한지라. 거짓 꾸짖는 분부로 일러 왈, "네 본디 시골에 있어 일의 경중을 모르고 관전에서 이야기한다는 것이 되지 못한 말이로되, 네 원이나 풀어줄 양이니 무슨 말인고 아뢰어라." 하니 그 부자 그제야 잔기침을 하며 말을 내어 이야기하였다.

옛적에 꾀꼬리, 뻐꾹새와 따오기 세 짐승이 서로 모여 앉아 우는 소리 좋음을 다투되 여러 날이 되도록 결단치 못하였다. 하루는 꾀꼬리가 "우리 서로 싸우지 말고 송사하여보자." 하니, 그중 한 짐승이 이르되,

"내 들으니 황새가 통량이 있으며 범사를 곧게 한다고 하여 황장군이라 한다고 하니, 우리 그 황장군을 찾아 소리를 결단함이 어떠하뇨?"

세 짐승이 옳게 여겨 그리하기로 정했다. 따오기란 짐승이 소리는 비록 참혹하나 소견은 밝은지라 돌아와 생각하였다.

'날더러 물어도 나밖에 질 놈 없는지라. 옛사람이 이르되 모사某事는 재인在人이요, 성사成事는 재천이라 하였으니 청을 넣어놓으면 반드시 좋으리로다.'

이에 밤이 새도록 시냇가와 논뚝이며 웅덩이, 개천 발치 휘도록 다니면서 황새가 평생 즐기는 것을 주워 모았다. 이들을 맵시 있는 붉은 박에 보기 좋게 정히 담아 황새집으로 가져갔다. 황새는 생각하였다.

'이놈이 집에 오는 일 없이 원간 서운하게 굴더니 이제 반야삼경에 홀연히 내 사랑 앞에 와서 무슨 봉물封物을 가지고 문안드려달라 하는가. 내 요사이 권력을 좀 쓰는 터에 저런 상놈이 필경 어려운 일을 당하여 옹색한 끝에 청을 넣으러 왔나 보다.'

거짓 신음하는 소리로 일어나 앉아 등을 가리우고 등불 밑에서 자세히 보니, 과연 온갖 것 갖춰 있으매 모두 다 긴한 것이라. 마음에 흐뭇하고 다행히 여겨 청지기로 하여금 잘 간수하여두라 하고 그제야 소리를 길게 빼어 이르되, "네 목소리를 오래 듣지 못하였더니 어니 그리 허랑무정하냐. 그사이 몸이나 성히 있으며 네 어미 잘 있느냐. 반갑고 반갑구나. 네 이제 밤중에 왔으니 무슨 긴급한 일이 있느냐. 나더러 이르면 네 마음에 상쾌하게 해주리라."

따오기 처음은 제 문안 드린 지 여러 해 되고 또 한밤중에 남의 단잠을 깨워 괴롭게 하였으니 만일 골딱지를 내면 그 긴 부리로 몹시 쪼일까 하였더니, 그렇지 아니하고 다정히 불러들여 반갑게 묻는 양을 보고 그제야 미닫이 앞에 가까이 나아가 아뢰되, "꾀꼬리와 뻐꾸기와 소인 세 놈이 우는 소리를 겨루다가 장군께옵서 심히 명철처분하시므로 내일 댁에 모여 송사하려 하는데, 소인의 소리가 가장 참혹하여 반드시 지게 생겨서 남 먼저 사또께 이런 사연을 아뢰어 그 두 놈을 이기고자 하옵니다. 사또 만일 소인과의 정을 잊지 아니하옵시고 명일 송사에 아래 하下 자를 웃 상上자로 뒤집어주옵심을 바라옵나이다."

황새놈이 이 말을 듣고 속으로 퍽 든든히 여겨 말한다.

"도시 상놈이란 것은 제 욕심만 생각하여 아무 일이라도 쉬운 줄로 아는구나. 대저 송사에는 애증愛憎을 두면 칭원稱寃도 있고 이치 없이 소송하길 좋아하면 정체에 손상하나니 어찌 그런 도리를 알리요. 그러나 송사는 곡직을 불계不計하고 꾸며대기에 있나니 이른바 이현령비현령耳懸鈴鼻懸鈴이라. 어찌 네 일을 범연히 하여주랴. 전에도 네가 내 덕도 많이 입었거니와 이 일도 내 아무쪼록 힘을 써보려니와 만일 내가 네 소리를 이기어주어 필연 청받고 그릇 공사한다 하면 아주 입장이 난처하게 되리니 이를 염려하노라."

따오기 하직하고 돌아왔더니, 날이 밝으매 세 짐승이 황새집에 모여 송사할새 황새놈이 대청에 좌기하고 무수한 날짐승이 좌우에 거행하는지라. 그중 수리는 율관律官이요 솔개미, 까치, 징경이, 올빼미, 바람개비, 비둘기, 부엉이, 제비, 참새 등 짐승이 좌우에 나열하여 불러들이니 세 놈이 일시에 들어와 아뢰었다.

"소인 등이 소리 겨룸 하옵더니 능히 그 고하를 판단치 못하오매, 감히 사또 전에 송사를 올리오니 명찰처분하옵심을 바라옵나이다."

황새가 정색하고 분부한다.

"너희 등이 만일 그러할진대 각각 소리를 하여 내게 들린 후 상하를 결단하리라."

꾀꼬리 먼저 날아들어 소리를 한번 곱게 하고서 노래하였다. 황새도 한번 들으매 심히 아름다운지라. 그러나 이제 제 소리를 좋다 하면 따오기에게 청 받은 뇌물을 도로 줄 것이요, 좋지 못하다 한즉 공정치 못한 것이 정체가 손상할지라. 잠시 음미한 뒤 제사題辭하기를, "네 들어라. 네 소리 비록 아름다우나 애잔하여 쓸데없도다." 하였다. 뻐꾹새가 들어와 목청을 가다듬고 소리를 묘하게 하여 노래하자, 황새 듣고 또 제사하여 일렀다.

"네 소리 비록 쇄락灑落하나 십분 궁수窮愁하니 전정을 생각하면 가히 불쌍하도다." 하니, 뻐꾹새도 무료하여 물러났다. 그제야 따오기 날아들어 소리를 하고자 하되 차마 남부끄러워 입을 열지 못하나 그 황새에게 약 먹임을 믿고 고개를 낮추어 한번 소리를 내고서는 아뢰었다.

"소인의 소리는 다만 따옥성이옵고 달리 풀쳐 고하올 일 없사오니 사또 처분만 바라나이다."

황새놈이 그 소리를 문득 듣고 두 무릎을 탕탕 치며 좋아하여 이른 말이, "쾌재快哉며 장재壯哉로다. 음아질타에 천인이 자폐自斃함은 옛날 항장군의 위풍이요 장판교 다리 위에 백만군병 물리치던 장익덕의 호통이로다. 네 소리 가장 웅장하니 짐짓 대장부의 기상이로다."라고 하여 따옥성을 상성上聲으로 처결하여주었다.

"그런 짐승이라도 뇌물을 먹으면 오결하여 그 꾀꼬리와 뻐꾹새에게 못할 노릇을 하였으니 어찌 재앙이 자손에 미치지 아니하오리이까. 이처럼 짐승들도 물욕에 잠겨 틀린 노릇을 잘하기에 그놈을 개아들 개자식이라 하고 우셨으니, 이제 서울 법관도 이러하옵니다. 소인의 일은 벌써 결판이 났는데, 부질없는 말을 하여 쓸데없으니 이제 물러가나이다." 하니 형조 관원들은 대답할 말이 없어 매우 부끄러워하더라.

심급제도

허관손의 송사와 황새의 결송은 소송의 공정에 대한 문제를 생각해보게 한다. 그리고 이들에게서는 상소上訴하는 모습이 나타난다. 상소란 판결에 불복하는 당사자가 상급 법원에 시정을 구하는 것을 말한다. 현재 제1심 판결에 대한 상소를 항소抗訴라 하고, 항소심 판결에 대한 불복 신청을 상고上告라 한다. 황새 결송에서 동네 사람들이 "관가에 제소하거나 감영에 의송하거나 하여"라고 말하자, 부자는 워낙 거센 놈이라 서울 형조에 가서 소송하겠다고 하는데, '지방 수령 → 관찰사觀察使 → 중앙'의 수순은 조선시대의 전형적인 상소 절차이다. 그리고 종국에는 허관손처럼 임금께 호소하는 길도 있었다.

지방에서 수령의 판결에 불복할 경우, 수령이 교체되면 다시 소를 제기하기도 하였다. 하지만 관찰사에게 호소할 수도 있다. 이를 의송議送이라 한다. 의송이라는 말을 그대로 풀이하면 '의논하여 보낸다'는 뜻이 된다. 조선 전기에 의송은 관찰사가 내린 처분을 가리키는 말이어서 원뜻에 부합하였는데, 이후에는 감사에게 소장을 제출하는 것을 의송이라 부르는 것

선화당

관찰사가 집무를 보는 청사를 선화당宣化堂이라 한다. 선화당은 임금의 덕을 선양하고 백성을 교화하는(宣上德而化下民) 건물이라는 뜻이다. 사진은 충남 공주의 선화당으로 유형문화재 제92호로 지정되어 있다.

으로 굳어졌다.[15] 관찰사에게 직접 가서 호소할 수도 있지만, 지방의 백성으로서는 관찰사가 고을 순행巡行할 때를 기다려 의송을 올릴 수도 있었을 것이다.

감사는 판결을 스스로 내리지 않고, 처결 지침을 붙여 내려보내면서 한 번 더 살펴보게끔 하거나, 대체로 다른 고을의 수령에게 다시 재판하도록 하였다. 나주목사에게 전라도의 소송이 몰려온 것도 이런 경로를 통해서였을 것이다. 이렇게 되면 항소심이 제1심과 같은 급의 법원에서 이루어지는 셈이다. 그런 만큼 항소심을 강직하고 정확하기로 소문난 김성일에게 맡기면 뒷말이 없을 것이라고 관찰사는 생각했을지 모른다. 세조 연간 김질金礩은 안동부사安東府使가 되어 판결을 잘했기에 도내의 사람들이 감사에게 항소할 때는 안동부사에게 보내달라 했다고 한다.[16]

하지만 김성일의 수난에서 보듯이 송사의 처리는 말썽도 많고 번거로운 일이다. 그래서인지 그 무렵에 황해 감사 최동립崔東立은 사이가 좋지 않은 은율현감殷栗縣監 이창정李昌庭에게 골치 아픈 소송들을 몰아주는 심술을 부리기도 했다. 하지만 수령이 능란하게 처리해내자 관찰사는 그를 다시 보게 되었고, 이후에는 백성을 다스리는 재능이 뛰어나다고 임금께 보고하였다.[17]

이처럼 항소하고도 승복하지 못하는 경우에는 형조에 상소할 수 있고, 사안에 따라서는 사헌부司憲府에 상소한다. 그런데 황새 결송에서의 부자는 곧바로 형조에 가서 소송하겠다고 한다. 이처럼 심급을 위반하여 제소하게 되면 월소越訴라 하여 처벌 대상이 되었다. 하지만 실제로 월소는 종종 있었고 받아들여지기도 하였다.

이념상 모든 권한의 근원인 임금에게는 재판권도 물론 귀속되어 있었다.

사안이 중대한 재판은 임금까지 심리에 관여하며, 백성이 직접 임금에게 호소할 수 있는 길을 열기도 했다. 태종 2년(1402)에 백성들의 억울함을 임금이 직접 들어주겠다는 취지에서 신문고申聞鼓를 설치한 것이 그 예이다. 그런데 취지와는 달리 북을 매달자마자 노비소송만 수없이 들어오자, 바로 노비소송으로 신문고를 치는 일을 금지하였다. 이후 서울은 담당 송관에게, 지방은 관찰사에게 상소하고 난 뒤 사헌부에 호소하여도 억울함이 풀리지 않을 때에만 신문고를 두드리도록 법제화되었다. 그리고 앞에 나온 상언의 방법도 있었다.

이렇게 상급기관에 판결의 시정을 요청할 수 있는 길을 열고 있다는 점에서 이른바 심급제審級制의 면모를 갖추고 있지만, 지금과 비교하면 미흡한 점이 있다. 지방의 경우 교체되어 온 수령에게 다시 제소할 수도 있었으며, 서울에서도 오판이라 여겨질 경우 판결한 관서의 당상관이 바뀌길 기다려 다시 제소하는 것이 원칙이었다. 그리고 감영에 의송한 경우에도 감사는 스스로 판결하기보다는 환송하는 것을 원칙으로 했다. 결국 항소심에 해당하는 절차가 동급의 기관에서 이루어진다는 것이다. 이러한 점들은 심급제만으로 판결을 확정짓기 어렵게 만든다. 그리하여 조선은 판결의 확정에 대하여 다른 방안을 창안해내게 되었다.

삼도득신법의 등장

"세 번의 소송을 거쳐 승소한 사건은 수리하지 않는다."[18]라는 규정이 《경국대전》〈형전〉 사천私賤 조에 있다. 흔히 삼도득신법三度得伸法이라고

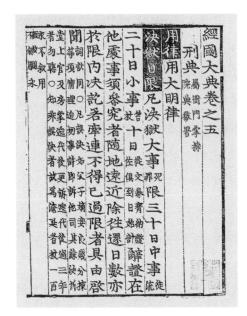

《경국대전》 권5 〈형전〉

하는 것인데, '세 번의 소송을 거쳐 승소한'다는 의미에 대해서 3판 2승인지 3선승인지 논란이 제기되었지만, 전자를 가리키는 것으로 정리되었다. 법원별로 삼도득신을 따지는 것인지에 대한 논의도 있었는데, 통산하는 것으로 보고 있다. 삼도득신법을 확인하여 적용한 첫 판례는 1483년(성종 14) 2월 25일에 있었다.[19]

《경국대전》은 1461년(세조 6)에 처음 〈형전〉이 만들어졌고, 육전六典이 모두 완성된 것은 1469년(예종 1)이었다. 이후 개정 작업이 잇달아 이루어져 1471년(성종 2), 1474년에도 개정판이 나왔다. 최종 확정된 것은 1485년(성종 16)인데, 성종은 이를 결코 바꿀 수 없는 조종성헌祖宗成憲으로 규정하였고, 이는 조선왕조가 끝날 때까지 유지되었다. 그리고 법의 통일적 시행을 위해 그 이전 판본들은 모두 수거하여 없애버렸기에 전해지지 않는다. 성종 14년이면 흔히 '갑오대전'이라 부르는 1474년의 《경국대전》이 시행되던 시기라 하겠는데, 거기에도 삼도득신의 규정이 실려 있었고, 심각한 논란의 해결책으로 기능하였다.

자근가者斤加와 이진산李進山은 서로 소송 중이었다. 이진산은 자근가를 자신의 여종이라 하였고, 자근가는 스스로를 양인이라 주장하여 그녀의 신분 확정이 다투어졌다(이런 양태가 일반적인 소송의 모습이고, 다물사리의 소송과 같은 경우는 매우 예외적인 일이다). 자근가의 소송 제1심은 고창高敞에서 이루어졌다. 아마도 이에 불복하여 감영에 의송하자 관찰사는 무안務安수령에게 다시 심리하도록 한 듯하다. 이 판결에 승복하지 못하는 당사자가 중앙에 상소하여 장예원에서도 판결이 내려졌다. 그런데도 계속 소로 다투던 중에 자근가가 사위와 함께 이진산을 구타하는 일이 생겼다.

그 나름대로 죄형법정주의罪刑法定主義가 시행되던 조선시대. 이에 대하여 어떤 법규를 적용할 것인지 조정에서 논란이 일었다. 같은 양인끼리 서로 때린 경우와 노비가 주인을 구타한 것은 형량의 차이가 크다. 형조에서는 《경국대전》의 "노비가 옛 주인을 때리거나 욕한 죄(雇工毆罵舊家長)"[20]로 처벌하는 것이 좋겠다고 올렸다. 이 경우에는 노비가 '현재'의 주인에게 그리한 것보다 2등급을 낮춘다. 결국 형조는 노비가 한 것으로 처벌할지 양인이 한 것으로 적용할지 고민하다가, 양자의 중간쯤에 해당하는, 곧 노비가 '옛' 주인을 때린 사례로 보면 적당하리라 판단한 것이다. 노비가 주인을 때린 경우에는 참형斬刑이므로 여기서 2등급을 낮추면, 도徒 3년에 장杖 100이 된다. 성종은 영돈녕領敦寧 이상의 대신들을 불러 회의에 붙였다. 의견이 분분했다.

① **정창손**鄭昌孫(영의정) : 자근가는 형식적으로는 비록 이진산의 종이지만, 이것은 모두 잘못된 판결이므로 노비가 본주인을 때린 것으로 논할 수 없고, 형조가 올린 대로 처벌하는 것이 적당하다.

② **윤필상**尹弼商(좌의정) : 자근가가 비록 지금 이진산의 집에서 역을 지고 있지 않으며 승소한 입안도 있다지만, 본주인을 때리고 욕한 범죄 상황은 매우 위중하다. 이러한 풍속은 조장되어서는 안 되는 것이니, 장100에 유 3,000리로 처벌해야 한다.

③ **홍응**洪應(우의정) : 이진산과 자근가는 상전과 종의 관계가 이미 정해졌다. 그 신분 관계를 범한 죄는 용서할 수 없는 것이니, "머슴이 옛 주인을 때리거나 욕한 죄"의 예로 논한다면 비슷하긴 하지만 정확하지가 않다. 형조로 하여금 의논하게 한 뒤 법률을 고쳐서 죄를 정하는 것이 어떠한가.

④ **노사신**盧思愼(영사) : 자근가는 비록 본디 진산의 종이 아니지만 주장관主掌官이 노비로 판결하여주었으니 진산이 그 주인이다. 그런데도 구타하였으니 마땅히 "노비가 주인을 때린 죄(奴婢毆家長律)"를 적용해야 한다. 그러나 자근가가 자기는 본디 그의 종이 아닌 줄 알고서 욕하고 때린 것이므로, 자기의 본주인인 줄 알면서 때린 것과는 다르다. 노비가 주인을 때린 죄로 논하되 한 등급을 낮춰서 적용하면 정情과 법法에 맞겠다.

⑤ **이극배**李克培(영중추부사) : 이진산은 이미 고창, 무안, 장예원에서 세 번 입안을 받았으니, 그때 이미 노비의 신분이 결정된 것이다. 그러므로 자근가는 우선 관의 판결에 복종하여 진산을 섬겨야 하는 것이 법률상 당연하다. 그런데도 갑자기 사위인 두지豆之와 함께 그를 구

(위) 성종의 어필 『열성어필탑본첩列聖御筆搨本帖』 중 성종의 어필이다. 국립중앙박물관 소장.
(아래) 「성종실록」 성종 14년(1483) 2월 25일 기사이다. 형조에서 사비 자근가의 소송에 대하여 아뢰자 성종이 영돈녕 이상에게 논의하게 하였고, 신하들이 각자 의견을 내고 있다. 성종조 기사에는 사안을 해결하면서 법을 제정하기 위해 신료들을 조정에 모아 함께 토의하여 결론을 내는 모습이 비교적 자주 나타난다.

타하였으니, 이는 징계하지 않을 수 없다. 종과 상전의 관계로써 논하는 것이 당연하다고 생각한다. "노비가 주인을 때리거나 욕한 죄"로 고쳐 적용하되, 시의에 맞추어 주상께서 결정하는 것이 어떠한가.

⑥ **윤호**尹壕(영돈녕부사): 자근가가 이진산을 때린 것이 판결이 난 뒤의 일이니, 그가 본주인인 것이 뚜렷하다. "옛 노비나 머슴이 옛 주인을 때리거나 욕한 죄"로 논하는 것은 알맞지 않으니, 고쳐 적용하는 것이 어떠한가.

형벌의 적용에 관해 《경국대전》은 명률明律을 받아들였다. 《대명률》〈명례율名例律〉에는 "율령에 해당하는 조문이 사리事理를 다 반영하지 못하거나, 죄를 처단하는 데 꼭 맞는 조문이 없는 경우, 가장 가까운 율문을 끌어들여 더할 것은 더하고 덜어낼 것은 덜어내서 적용할 죄명罪名을 정한 뒤, 형부刑部에 전달하여 왕에게 아뢰어 하교를 받도록 한다. 만일 이러한 절차를 밟지 않고 결정하여 죄를 가중시키거나 감경시킨 경우에는 '관리가 고의 또는 과실로 남의 죄를 가중하거나 감경한 죄'로 처벌한다."는 규정이 있다.[21] 형조가 상주上奏한 것은 이 규정에 따른 것이라 할 수 있다.

①의 정창손 의견을 보면 자근가가 양인임이 어느 정도 인정되고 있었던 것 같다. 이렇게 볼 때 ①은 실체적 진실을 따지는 전형적인 논변이 된다. ③의 홍응은 자근가의 신분이 현재 소송 중이므로 결정이 되지 않은 상태라고 보고 있다. 완전히 노비로 보고 있지 않기 때문에 머슴(雇工)에 준해서 생각해보려 했지만, 그것도 꼭 들어맞지 않는다고 여기는 것이다. 나머지 의견들은 판결이 있었기 때문에 자근가가 노비로 결정되었다고 보아, 형조의 제안대로 적용할 수 없다고 하였다. 다만, ④ 노사신은 자근가가

스스로를 이진산의 노비라 승복하지 않고 다투고 있는 상황임을 고려하였고, ② 윤필상도 형량은 "노비가 옛 주인을 때리거나 욕한 죄"와 같게 하려 하였다.[22]

여기서 결정적인 차이를 보이는 것은 ⑤의 이극배 의견이다. 자근가를 노비로 보고 있는 다른 의견들은 판결이 내려졌다는 것, 다시 말하면 그것이 현재 번복되지 않고 있다는 것만을 내세우고 있는 데 반하여, 이극배는 이진산이 세 번의 입안을 받는 순간 이미 판결은 확정되었고, 따라서 자근가의 신분도 결정되었다는 논리를 펴는 것이다. 결국 그의 의견이 채택되었다. 이로써 삼도득신법은 판결을 형식적으로 확정짓는 역할로 등장하기 시작하였다. 그리고 그 세 번이라는 확인은 결송입안으로써 결정된다. 이후 삼도득신법은 판결을 확정시키려는 정책으로 이어졌다.

삼도득신법에 대한 반발

삼도득신 제도는 불공정한 판결이 그대로 확정되어버리고 말 수 있다는 비판을 받기도 했다. 형식적 확정력에 실질적 정의가 유린되는 것은 참을 수 없다는 선비들의 정서도 있었다. 여기에는 「황새 결송」에서 보듯이 공정한 재판에 대한 보장이 쉽지 않다는 현실 인식도 작용한다. 이러한 점들은 삼도득신법의 절대적 시행에 걸림돌로 작용하였다.

김상묵金尙默은 영·정조 때 문신으로 대사간까지 지냈다. 1776년(정조 즉위년) 7월 그는 안동부사로 부임하였다. 조선 후기는 산송山訟이라고 하는 묘지 관련 소송이 넘쳐나던 시기이다. 이 고을에도 묏자리 문제로 송사하는 이가 있었다. 한쪽은 법흥法興 이씨李氏이고, 상대방은 새로 집권 노론에 붙은 사람으로, 이씨의 묏자리를 불법으로 점유하고 있었다. 수령이 바뀔 때마다 판결이 있었지만 해결되지 않는 상황이었는데, 김상묵이 부임하자 다시 제소되었다. 부사는 몸소 산소에 가서 살펴보고서는 불법점유자에게 "네가 파내야 한다."고 말하였다. 이때 그의 항변이 절묘했다.

"이미 세 번에 걸쳐 판결을 얻었으니 법리상 심리해서는 안 되는 사안입니다."

하지만 김상묵의 태도도 단호했다.

"판결이 공정하지 않았는데 어찌 세 번이란 것에 구애되겠는가."

이처럼 말한 뒤 곤장을 쳐서 가두고는 날짜를 정하여 묘를 옮기도록 하자, 민심이 기뻐했다고 한다.[23] 이 사례에서 보듯이 삼도득신한 이후에도 재판이 이루어질 수 있었고, 이는 판결의 확정이라는 관점에서 볼 때 장애요소라 하지 않을 수 없다.

모든 판결은 공정하고 투명하게 이루어져 그것으로써 확정되기를 기대한다. 하지만 사람이 하는 일이기에 잘못 판단되었을 가능성이 있고, 이 때문에 세 번까지 다시 살펴볼 수 있는 기회를 주는 것이 인간 사회의 일반적인 현상이다. 삼도득신법에는 이러한 의미도 틀림없이 있다. 하지만 세 번까지 다시 살펴볼 기회를 주었다고는 해도 명백한 부정으로 이루어진 오판이 뚜렷이 밝혀진 경우에조차 형식적인 확정력을 들어 구제를 거부하는 것 또한 권리의 보호와 구제라는 민사소송의 목적을 무색게 한다고 할 수 있다.

이런 경우에 대하여 현행 민사소송법은 재심再審제도를 두고 있다. 곧, 종국판결로 확정된 사안이라 할지라도, 제척 사유에 해당하는 법관이 재판에 관여한 때, 법관이 그 사건에 관하여 직무에 관한 죄를 범한 때, 남을 허위로 자백시키거나 상대방의 공격·방어방법의 제출을 방해한 때, 문서의 위·변조나 허위 진술이 있었을 때, 판결에 영향을 미칠 중요한 사항에 관하여 판단을 빠뜨린 때 등에는 재심을 청구할 수 있다. 이러한 경우들은 조선시대에서도 재심을 호소할 만한 사유일 것이다. 다만 현행법과 달리 재심 사유가 법정되어 있지 않았기 때문에 조선시대에는 재심 사유가 폭넓게 또는 유연하게 인정되었다고 할 수 있다.

조선 전기에 이미 판결의 확정력을 위해 삼도득신법을 정립하였지만, 그것의 무조건적인 적용이 실질적 정의를 지나치게 훼손한다고 여겨질 경우에는 다시 심리를 받아들이지 않을 수 없었던 것이다. 실질 중시의 사고가 실제로는 너무나 억울하다고 느껴질 경우를 구제하도록 법을 운용하게 만든 것이다. 이는 결국 삼도득신법의 기능을 약화시켜 판결의 확정이라는 개념이 정립되는 데 걸림돌이 되었다고 할 수 있다.

3장 법에 따라 심리한다

소송의 비롯

"우리들은 정정당당히 소송을 하겠습니다. 원고와 피고 가운데 30일간
까닭 없이 소송에 임하지 않거든 법에 따라 판결하십시오."

　1586년(선조 19) 3월 13일 나주 관가의 뜰에 나온 이지도와 다물사리가
맨 처음 한 말은 이것이다. 당시에는 법정을 대개 송정訟庭이라 하였는데,
양 당사자가 송정에 나와 위와 같은 다짐을 제출하여야 소송이 시작되었
다. 이를 '시송다짐(始訟侤音)'이라고 한다. 여기에서 '법에 따라'라는 것은
《경국대전》〈형전〉 사천 조에 "노비소송에서 원고와 피고 가운데 스스로
이치에 맞지 않는 줄 알고서 여러 달 출석하지 않는 경우, 두 차례 가동家
僮을 가둔 뒤에도 30일이 차도록 출석하지 않는 경우, 소송 개시 후 50일
안에 까닭 없이 송정에 나오지 않는 날이 30일이 넘는 경우에는 송정에 출

다짐을 제출하는 소송당사자
김윤보金允輔의 『형정도첩刑政圖帖』에 실린 그림 중 〈관청에 소지를 올리다(呈訴志於官家)〉이다.
『형정도첩』은 조선시대 송사와 재판, 범죄인에 대한 추국, 문초, 처형, 면회 등의 48장면을 그린
풍속화첩이다.

석한 쪽에 승소 판결한다."는 규정을 말한다.[1] 그래서 "《대전》에 따라 판결
하십시오."라고 말하는 것도 보인다.

지금은 원고가 소장을 제출하고 법원이 그것을 피고에게 송달해주면 소
송이 계속係屬하여 사건을 심리할 수 있는 상태가 된다. 그리고 당사자는
정해진 기일에 출석하지 않으면 불이익을 받는다. 이와 달리 조선시대에
는 소장을 제출하는 것만으로는 법정이 열리지 못했다. 피고를 데려와야
하는 것이다. 「황새 결송」에서도 부자는 "그놈을 이끌고" 서울의 형조로
찾아간다. 이지도 판결문서는 앞부분이 많이 떨어져 나갔기 때문에 작성

凡訟兩造捧下鄉後
可以決折更令此尹
叛之私自拘囚奴一款可
知其逼人墳山待官
官圖民親審皆批難
事而李氏中一人率尹
民未終

交河居民李明儒

右謹言民高祖故京畿監司墳山在於

治下西面飛山坊是乎加尼千萬不意今月初八日良中京居尹班奴地偷葬

叅商教是後圖尺廬決以爲卧

十四在京

草青龍至近要害之處而私自拘囚墓奴使不得來告遽然入葬世豈有如許痛惋乎遠地子孫晚後聞瞿蒼黃

上來方欲擧狀而民則年過七十病蟄濱死不得親呈使子姪替呈爲白乎喩伏乞

抵移之地千萬望良爲只爲

行下向教是事

城主　處分

甲申五月　日所志

1764년(영조 40) 이명유의 소지

교하交河 사는 백성 이명유李明儒

삼가 아룁니다. 이 백성의 고조할아버지인 경기 감사의 묘산이 치하면治下面 비산방飛山坊에 있사온데, 참으로 뜻하지 않게 이달 8일 서울 사는 윤씨 양반이 단청룡單靑龍의 근접 요해처에 몰래 투장하고서 제멋대로 묘지기인 종을 잡아 가두었으니, 와서 고하지 않을 수 없습니다. 기습 투장이라니 세상에 이런 변피가 있겠습니까. 멀리 있는 자손이 늦게사 변고를 듣고서 화급히 올라와 소지를 올립니다. 이 백성은 일흔이 넘고 병이 깊어 거의 죽을 지경이라 바로 제출하지 못하고 자손들을 시켜 이제야 애원하게 되었습니다. 잘 헤아리시어 측량하신 뒤 판결하여주시어 바로 이장하도록 해주시길 천만 바라옵니다. 처분하여주십시오.

성주님 처분

― 갑신 5월 일 소지

제김

무릇 소송이란 양 당사자를 신문하여야 판결할 수 있는 것이다. 이제 윤씨 양반이 멋대로 종놈 하나를 가두고 있다는 것을 봐도 남의 묘산을 피롭힌다는 것을 알 만하다. 이는 관가에서 지도를 잘 살펴보면 어렵지 않은 일이니 이씨들 가운데 한 사람이 윤씨를 데려와서 기다리라.

― 14일 서울

시기뿐 아니라 소지所志 따위도 없어 소송이 시작되는 전말을 정확히 알기는 어렵지만, 너덜거리는 부분에 남은 내용으로 미루어볼 때 다물사리가 법정에까지 잡혀온 듯하다.

소지라는 것은 관청에 내는 신청서이다. 따라서 여러 종류의 신청이 있을 수 있으며, 그 가운데 판결을 구하는 소지를 제출하게 되면 그것이 소장訴狀이 되는 셈이다. 소지를 제출하는 행위, 곧 소를 제기하는 것을 고장告狀이라 한다. 소지는 발괄(白活)이라고도 하며, 여러 사람이 연명하여 올리는 경우를 등장等狀, 수령의 판결에 불복하여 감사나 어사御使에게 올리는 소지를 의송이라 한다. 소지를 접수한 관청은 그에 대한 처분을 내리게 되는데, 대개 소지의 여백에다 직접 써주었다. 이를 제김(뎨김, 題音) 또는 제사題辭라 한다.

제출된 소지에는 대개 '피고를 데려오면 처결해주겠다'는 제김이 내려진다. 피고를 송정에 데려오는 일은 원고의 구실인 것이다. 하지만 척隻을 데려오는 것은 쉬운 일이 아니다. 「황새 결송」의 그놈처럼 순순히 따라와주는 것은 오히려 드문 일이고, 대부분의 피고들은 현재 상태에서 이익을 보고 있는 경우이므로 따라가려 하지 않는다. 농사일이 바쁘다거나 부모님이 병환 중이라는 따위의 핑계를 대면서 거부하는 것이 보통이다. 그러면 원고는 다시 소장을 작성하고 끝자락에 피고가 관령官令에 불응한다는 내용을 덧붙여 제출한다. 그러면 수령은 다시 피고를 데려오라는 제사를 써준다. 이 과정이 몇 차례 되풀이되도록 피고가 출석하지 않으면 그제야 관장官長의 명을 거역하는 놈이라 하여 형리를 시켜 잡아오게 한다. 다물사리도 또한 법정에 이르기까지 이러한 실랑이가 있었던 것으로 보인다. 원고의 지위가 높거나 연줄이 있으면 이 과정이 생략되거나 짧아질 수 있을 것이다.

형사소송에서는 이처럼 진행될 리가 없다. 이 점에서 민사와 형사를 확실히 구분하는 태도가 보인다. 민사 영역은 기본적으로 국가 공권력이 개입하는 부분이 아니라는 인식이 깔려 있다고 할 수 있다. 민사소송은 형사소송과 달리 절차 진행이 당사자에게 맡겨져 있는 것으로 보고 있는 것이다. 이를 당사자주의라 하는데 현행 민사소송 제도도 그것을 채택한다. 결국 형리를 보내 국가 강제력을 동원하는 것은, 관령 위반이라는 형사상 구성요건을 성립시켰을 때에야 비로소 이루어지는 것이다.

민사소송과 형사소송

항간에는 민사를 형사사건으로 잘 엮는 변호사가 훌륭한 법조인이라는 그리 좋지 않은 속설이 있다. 잡아넣어야 돈 나온다고 직설적으로 말하는 이도 있다. 대체로 민사사건은 판결을 거쳐 집행하기까지 시간과 비용이 적잖이 드는데, 상대방을 형사 입건시켜 인신이 구속되도록 만들면 배상이 훨씬 용이해지기 때문에 나도는 말이라 하겠다. 이처럼 민사책임에 형사를 혼용하게 되면 민사 절차가 적정함을 잃을 염려가 있다. 그리하여 민사 절차와 형사 절차는 서로 엄중히 구분하고 있다. 원칙적으로 민사 판결로써 인정된 사실을 관련된 형사소송에서 반드시 채용하여야 하는 것은 아니다.

그러다 보니 웃지 못할 일도 벌어진다. 미국의 유명한 미식축구 선수이자 영화배우인 오 제이 심슨O. J. Simpson은 1994년 아내를 살해한 혐의로 기소되었다. 2,000만 달러가 넘는 돈을 들여 초호화 변호인단을 구성한 것으로도 유명한 사건인데, 1년 4개월의 법정 공방 끝에 무죄로 평결되었다. 하지만 1997년 민사재판에서는 아내 살인에 대한 책임이 인정되어 3,350만 달러를 배상하라는 판결이 내려졌다. 곧, 형사재판에서와 민사재판에서의 사실인정이 정반대로 이루어진 것이다. 이렇게 부조리해 보이는 일도 없진 않지만, 역사적 경험을 통해 전반적으로는 분리하는 쪽이 낫다고 공인되어 현재는 거의 모든 나라에서 제도적으로 민사와 형사를 준별한다.

조선시대의 재판에 대하여 민사소송과 형사소송의 구별이 없었다거나, 사실상 구분되기 어려웠다고 보는 시각이 많다.[2] 심지어는 민사와 형사의 질적인 구분은 없으며, 반도의성이나 반사회성의 정도 차이만 있었을 따름이라고까지 한다.[3] 하지만 오래전부터 민사 절차와 형사 절차는 개념상 구별되어 있었고, 그 운영도 달랐다. 그런데도 왜 그런 인상을 강하게 갖게 되었을까. 아마도 전통시대에는 행정과 사법이 분리되어 있지 않은 데다 민사재판과 형사재판이 동일한 지방관청에서 수행되었기 때문에 생긴 선입견이라 여겨진다.

같은 기관에서 민사소송과 형사소송이 이루어진다고 하여 둘의 차이가 없었다고 해서는 안 된다. 지금도 동일한 법원에서 민사재판과 형사재판을 수행하고 있으며, 법관들 또한 두 업무를 두루 맡는다. 하지만 조선시대에 중앙에서는 오히려 민사소송과 형사소송의 담당 기관이 분리되어 있었다. 곧, 전택田宅에 관하여는 한성부漢城府가, 노비에 관하여는 장예원이 맡았고, 형사소송은 형조가 담당하였던 것이다. 사헌부는 풍속에 관한 사건을 맡았다. 사안이 다르다고 여겼을 뿐만 아니라 그 절차 또한 달리 이루어져야 함을 잘 알고 있었던 것이다.

이러한 인식은 《경국대전》의 용어 사용에서도 그대로 나타난다. 곧, 형사재판에 대하여는 '결옥決獄'이란 용어를, 민사에 대해서는 '사송詞訟'이라는 말을 쓴다. 그리하여 형사 절차의 규정이 민사소송에서도 적용될 수 있는 경우에는 "사송에서도 마찬가지이다.(詞訟同)"라고 표현한다. 민·형사 절차 모두를 일컬을 때는 '청송聽訟'이라 한다. 예를 들어 관리 임용 원칙인 상피제는 공무원 관련 규정집인 《경국대전》〈이전吏典〉에 수록되는데, 앞서 살폈듯이 재판 시 제척의 기준으로도 적용할 수 있고, 이는 민·형사 모두 마찬가지다. 그리하여 상피 규정 끝에다 "청송에서도 마찬가지이다(聽訟同)"라고 규정한다. 더욱이 형사재판과 구별되는 민사재판의 특유한 처결을 위해 『사송유취詞訟類聚』와 같은 민사소송 지침서들이 편찬되었다. 거기에 수록되어 있는 「청송식聽訟式」이라는 심리 절차를 보면 민사소송의 독자적 체계가 서 있음을 알 수 있다.

현실에서는 하나의 사건이 민사와 형사 양면에서 문제를 발생시키는 일이 허다하다. 이런 경우 때로는 엄격한 분화가 피해자의 입장에서는 더욱 어려움으로 다가올 수도 있다. 그 때문에 일정한 범죄에 대하여는 형사 공판절차에서 범죄행위로 말미암아 발생한 피해와 치료비의 배상을 명할 수 있는, 이른바 배상명령 제도가 도입되어 있다. 조선시대에 지방에서는 형사소송과 민사소송이 같은 기관에서 다루어졌을 뿐 아니라, 수령은 태笞 50까지, 관찰사는 유형流刑 이하의 형을 집행할 수 있었기 때문에[4] 소를 제기하는 측에서는 하나의 소지에다 권리구제와 형사처벌을 동시에 청구할 수가 있었다.

1557년(명종 12) 정씨鄭氏 여인의 소지에서도 그러한 예를 살펴볼 수 있다.[5]

경주 안강에 사는 죽은 충의위忠義衛 손광서孫光曙의 첩 정소사鄭召史의 소지

위의 삼가 아뢰는 소지입니다. 저는 흥해興海에 사는 조종손趙從孫이라 하는 사람이 안강安康 양좌동良佐洞에 있는 적자 지번의 집 텃밭을 자기 조상전래祖上傳來의 밭이라 하여 팔길래 (… 문서 결락 …) 남편이 돈을 마련하여 매입한 뒤, 남편은 지난해 11월에 죽었습니다. 그런데 같은 마을에 사는 이응기李應期가 조종손의 텃밭이 아니라 자기 집터라고 하여 (… 문서 결락 …) 허락하지 않고 있는 것으로 보아, 조종손이 남의 밭을 훔쳐 판 것이 틀림없으니, 제가 지불한 돈을 조종손에게서 도로 추징해주시고, 훔쳐판 사실은 벌로 다스려주시도록 처분하여주시옵기.

관찰사 처분

가정嘉靖 36년 10월 일 소지

제김

정사년丁巳年 10월 15일

소장의 내용을 조사하여 훔쳐 판 것이 사실이면 법례에 따라 시행할 것.

글월 사이사이에 이두가 섞여 있는 문장으로 된 이 소장에는 민사상 구제와 함께 사기죄에 대한 형사상 고소도 나타난다. 이처럼 민사소송과 형사소송, 양자는 구별되었으나 하나의 절차에서 그 둘을 분리하지 않고 처리할 수도 있었다는 것이 전통시대 재판제도의 한 특색이라 할 수 있겠다.

공문서와 이두

어느 가을 이른 바람에

여기저기 떨어지는 잎처럼

한 가지에서 나고서

가는 곳 모르겠구나

잘 알려져 있듯이 신라의 월명사月明師라는 스님이 지은 「죽은 누이를 애도하는 노래(祭亡妹歌)」의 한 구절이다. 세속을 초월한 삶을 좇는 사람이지만 일찍 먼저 간 여동생을 애달파하는 마음은 어쩌지 못하나 보다. 그 애잔함이 배어나는 명구名句가 아닐 수 없다. 이는 최치원崔致遠의 노래들처럼 한문으로 된 시를 번역한 것이 아니라, 이른바 향찰로 표기된 신라 향가이다. 다시 말해, 한자의 발음이나 의미를 이용하여 우리의 소리를 표기한 것이기 때문에, 정통한 한학 실력을 갖춘 사람이라 하더라도 그 능력만으로는 향가를 해석하지 못한다. 부족하나마 어느 정도 향가를 읽을 수 있게 된 것은 20세기에 들어서이다.

한자의 음과 뜻을 빌려 우리말을 기록한 것으로는 또 '이두吏讀'가 있다. 결송입안에는 많은 이두가 나온다. 앞서 본 '다짐(侤音)'이라는 말이나 송관이 써주는 '제김(題音)'이란 용어도 모두 이두이다. 틀림없이 이행하겠다는 확답이나 맹세를 시킬 때 '다짐'을 받는다는 표현을 쓰는데, 시송다짐에서의 다짐도 같은 말이다. 이를 侤音(고음)이라 표기하고서 다짐이라 읽는다. 다짐(侤音)이나 제김(題音)에서 '音(음)'을 '소리'라는 의미로 새겨서는 해석이 되지 않는다. '音'은 여기서 우리말 받침 'ㅁ'의 역할을 하는 것이다.

향찰에서도 비슷한 용례가 보인다. 향가에 나오는 구름(雲音), 시름(憂音), 마음(心音) 따위에서도 音은 받침 'ㅁ'의 표기임을 알 수 있다. 향가 해독에는 이런 이두와 함께 「처용가」의 역할을 이야기하지 않을 수 없다. 고려가요인 「처용가」는 조선시대의 음악서인 『악학궤범』과 『악장가사』에 한글로 실려 있고, 그 가운데 향가인 「처용가」와 거의 일치하는 부분이 있어 그 해석의 열쇠가 된 것이다. 결정적인 역할을 한 것은 무엇보다도 이두의 존재이다. 이두 또한 한자의 소리와 뜻을 빌려 우리말을 기록하는 방식이라는 점에서 보면, 향찰도 넓은 의미의 이두에 포함된다. 이두吏讀에서 '리吏'는 아전들 같은 하급 공무원을 가리킨다. 고급 공무원에 대해서는 '관官'이라는 표현이 사용된다. 따라서 과거에 공무원을 관리라 했던 것이다. '讀(두)'는 흔히 '독'이라고 읽히는 한자인데, 이때는 '두'라고 읽는다. '두'는 우리말을 표기한 듯한데, 그 뜻이 무엇인지는 확실하지 않다. 간혹 이도吏道 또는 이토吏吐라고도 표기되는 것으로 봐서 '토'를 단다는 뜻인지도 모르겠다. 결국 이두의 글자상 의미는 서리胥吏들이 쓰는 표기법이라는 말이 된다.

관청에서 쓰이는 언어라 할 수 있는 이두는 그 표기 방식이 향찰과 맥을 같이하므로 비슷한 점이 무척 많다. 결국 직접적인 행정 실무를 담당하는 서리들이 우리의 오랜 표기 전통을 지켜왔다고 할 것이다. 글 모르는 백성과 직접 대면하는 공무원들은 한문만으로 문서 업무를 보기에 곤란하였을 수도 있겠지만, 무엇보다도 한문과 차이를 갖는 우리말의 어감을 살리기에 편리했기 때문이라 할 수 있다. 예를들면, '~하셨거니와(爲白有在果)', '~뿐만 아니라(叱分不喩)'와 같은 표현도 이두로는 가능했다. 그리하여 각종 공문서와 거래문서에는 이두가 쓰였다.

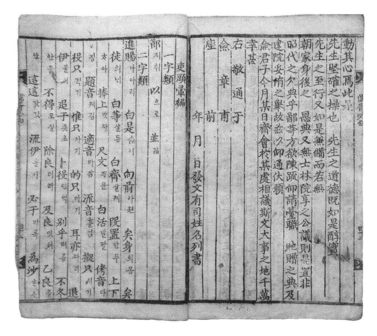

『유서필지』의 「이두휘편」

조선 말기에는 문서 서식집인 『유서필지儒胥必知』가 발간되어 널리 통용되었다.[6] '선비나 서리 모두가 꼭 알아야 할 것'이라는 뜻인데, 관부에 올리는 신청서 양식, 계약서 양식 등 문서 생활에 필수적인 서식들이 실려 있다. 곧, ① 임금께 올리는 상언, ② 징이나 북을 치며 아뢰는 격쟁원정, ③ 소지, ④ 부조할 때 쓰이는 단자單子, ⑤ 서리가 수령에게 올리는 고목告目, ⑥ 거래계약서인 문권文券, ⑦ 어떤 사실을 널리 알리는 통문通文, 이렇게 크게 일곱 가지로 분류하여 양식들을 모아놓은 것이다. 부록에는 결송입안 작성법도 나와 있다. 1901년에는 갑오개혁으로 변화된 문서 양식에 맞추어 『신식 유서필지』가 간행되기도 하였다.

그런데 이 『유서필지』에는 맨 뒤의 부록 가운데 「이두휘편吏讀彙編」이라는 것이 실려 있다. 이는 이두 표현들을 모아 글자 수별로 분류하여 독음을 달아놓은 것이다. 이전에도 이두를 모아놓은 것들이 없지 않았지만, 「이두휘편」은 그때까지 나온 것들 가운데 가장 많은 용례를 수록하였고(244항목), 널리 유통된 『유서필지』에 실려 있어 무엇보다도 접하기 쉬운 자료였다. 이 때문에 『유서필지』는 외국 학자들에게 주목을 받았고, 향가 해석을 시도하는 일본 학자들(오구라 신페이小倉進平, 1882~1944 등)에게 귀중한 자료가 되었다. 이런 이두를 활용하고 보존해온 서리들은 어떠한 계층이었을까.

아전

시대극에서 원님 앞에서는 굽실거리고 뒤로는 술수를 부리는 역할로 각인되어 있는 아전. 그 비롯은 고려조의 지방 유력 세력을 조선왕조에서 향리鄕吏로 재편하면서 이루어진 것으로 본다. 그런 의미에서 고려 말의 신흥사대부와 뿌리를 같이한다고 볼 수 있다. 조선 후기에 가서는 향리들의 세력과 결속이 강해지자, 그들 스스로 이런 주장을 공공연히 하면서 자신들의 근거를 기리는 사업을 하기도 한다. 조선왕조는 지방 유력자들에 대하여 그 자제를 서울로 인질로서 불러올리는(기인제도) 등의 규제를 하면서 동시에 지역에서의 일정한 지위와 역할을 부여했는데, 그 계층이 향리라 할 수 있다.[7]

전통시대의 하급 공무원을 서리라 한다고 이미 말했다. 하지만 이 용어보다는 일반적으로 아전衙前이라는 낱말이 통용된다. 관아 앞에 그들의 청사가 있다고 해서 붙여진 이름이라 한다. 아전에도 중앙에서 일하는 경아전이 있었으며, 지방의 향리는 외아전이라 할 수 있다. 보통 우리 인식에 아전으로 새겨져 있는 계층은 바로 이 향리층이다. 아전은 품계가 없거나, 받더라도 종7품 이상은 어려웠다. 특히 향리들에게는 이런 기회도 거의 없었다. 더욱 놀라운 것은 봉급도 없었다는 것이다. 그래서 조선 전기에는 향리들이 그 구실을 벗어나기 위해 몸부림치기도 했다.

차츰차츰 아전들은 역을 부담하고 자신들의 경제적 기반을 안정시킬 토대를 마련해갔다. 그에 따라 조선 후기의 아전은 서로 맡고자 하는 직종이 되었고, 수탈과 농간의 상징처럼 여겨지기도 했다. 『목민심서』의 '아전 단속(束吏)' 항목을 보면 서울에서는 서리의 수에 대한 제한이 있지만 지방은 없기 때문에 많게는 몇 백 명에 이르고 적더라도 60명 아래로 내려가지 않는다고 하며, 그 수백 명까지 된다는 곳의 예로 안동과 나주를 들고 있다. 그만큼 나주목은 큰 고을이었고, 인물과 물산이 많이 났다.

아전의 가장 기본적인 직무는 조세와 요역의 수취, 민·형사소송 등의 법률 업무이다. 그 밖에도 서울이나 감영에 가서 연락 업무를 해야 하기도 하고, 고을에 드나드는 관리들을 접대하기도 해야 했다. 그리고 각종 공문서를 작성하는 것도 그들의 일이었다. 사실상 지방행정의 모든 업무를 담당한다고 해도 지나친 말이 아니다.

아전 구실은 세습되기 때문에 그 집안의 자제들은 어려서부터 관청의 일을 배운다. 처음에는 『춘향전』의 방자처럼 작은 일을 배우다가 육방六房 관속이 된다. 중앙에서 파견되는 수령과 달리 아전은 평생 그 지역에서 사는 데다 백성들을 직접 대면하면서 대대로 그 일을 해왔기 때문에 업무에 대해서는 훤히 꿰고 있는 것이 보통이다. 비유하자면 군대의 하사관들과 같은 역할이라 하겠다. 순환 보직하는 장교들과 달리 직접 사병들을 마주하며 계속 같은 부대에서 근무한다는 점에서 그렇다. 이렇다 보니 신임 사또가 아전들에게 휘둘리는 일도 없진 않아, 『목민심서』에서는 지방관들에게 주의하고 부지런할 것을 누누이 당부한다. 이와 관련하여 재미있는 설화도 전해진다.

영조 때의 문신인 고유高裕(1722, 경종 2년~1779, 정조 3년)는 창녕현감으로 있을 때 소송 처리를 잘하여 고창녕高昌寧으로도 불리었고, 청백리에도 올랐다. 그리하여 많은 기발한 원님재판들이 그의 이름을 빌려 전해지기도 한다. 잘 알려진 망부석 재판, 옹기장이 재판 따위가 고유의 판결이라고 전해지는데, 꼭 그렇지는 않을 것이다. 다른 사람이 한 재판으로 뚜렷이 역사서에 나오는 사건도 고창녕의 전설이라며 전해지는 일도 드물지 않기 때문이다. 특히 원님 설화가 경상남도로 가면 죄다 고창녕의 일화가 되어버린다. 다음의 설화도 그런 사례일 것이다.[8]

고유가 열다섯 살의 어린 나이로 고을 원님으로 부임하였다. 처음에 향리들은 그를 어리다고 얕보면서 말을 잘 듣지 않았다. 자기들끼리는 소맷자락에 넣고 흔들게 생겼다고 수군거리기도 하였다. 어느 날 고유는 아전들에게 수숫대를 뽑아 오라고 했다. 영문도 모르고 수숫대를 들고 온 서리들에게 그는 "그것을 통째로 소매 안에 넣어보라." 하고 명하였다. 황당하여도 수령의 명령인지라 육방 관속들은 넣어보려 하였지만 들어갈 리가 없었다. 그러자 고유는 "한 살 먹은 수숫대도 소매 속에 들어가지 않는데, 15년이나 된 고을 목민관을 소매에 넣고 흔들 수 있겠느냐?" 하고 호통을 쳤다. 그 뒤부터는 누구도 어린 사또를 함부로 대하지 못하였다.

고유가 생원이 된 것은 스무 살이 차서였으니, 열다섯 살에 고을 수령이 되었다는 것은 사실과 전혀 다르다. 그러므로 이 또한 설화의 내용에 고창 녕이 어울리기에 그 이름이 붙어 전해지게 된 것이라 할 수 있다. 여기 호통 치는 고유의 모습을 통하여, 녹록한 목민관이 부임하게 되었을 때 고을 아전들이 그를 업신여기기도 하는 당시의 사정을 엿볼 수 있다. 하지만 관속들은 위 설화에서처럼 노골적으로 능멸하기보다는 고을 사정을 모르는 수령이 알아채지 못하게 농간을 부리는 쪽에 더욱 능했을 것이다. 덜 떨어지는 수령을 아전들이 골려먹는 야담도 적잖이 전해진다.

향리의 역할

한 고을의 지배 구도는 크게 수령, 지역의 사족土族, 아전을 축으로 한다고 볼 수 있다. 지방의 사림들은 향청鄕廳, 유향소留鄕所를 만들어 향규鄕規를 두고 자치적인 운영을 하였다. 향청의 설치 목적으로 향리를 감찰하고 풍속을 바르게 한다는 것을 들었으므로, 사족은 원칙적으로 아전들과 대립 관계에 놓일 수밖에 없다. 그 우두머리인 좌수座首는 수령을 보좌하는 역할도 하였는데, 그는 재지 양반층을 기반으로 하고 있기 때문에, 웬만큼 배경이 있지 않은 수령이라면 오히려 좌수의 눈치를 보아야 할 지경이었다. 그래서 향청은 제2의 관아라는 뜻에서 '이아貳衙'라고도 했다. 좌수는 면임

面任이나 이임里任들의 인사권을 쥐기도 했고, 각종 송사를 스스로 처리하기도 하였다.

고을 사족의 향청에 해당하는 서리들의 조직은 질청(作廳)이라 할 수 있다. 作(작)을 '질'로 읽는 것도 이두식이라 할 수 있겠다. 엄밀히 말하면 질청은 아전들의 집무처인 건물이다. 아전이란 낱말은 근무처가 관아 앞에 있던 데서 유래한 것인데, 그 집무실이 질청인 것이다. 하지만 이를 중심으로 내부 규율을 만들어 결속을 다지고 주요 관심사를 처리했기 때문에 하나의 조직체라 할 수도 있을 것이다. 아전들의 우두머리를 호장戶長이라 하였는데, 조선 후기에 가서는 명예직으로 밀려나고, 실권은 육방의 수좌인 이방吏房의 손으로 옮겨갔다. 향리층은 뭉침으로써 권익과 지위의 향상을 꾀하고 사족에 맞설 수 있는 지역 기반까지 갖게 되었다.

향리직은 무급 체제이다 보니 일반 서민들로부터 재원을 조달하는 체제를 만들었고, 그러다 보면 도를 넘는 수탈로 이어지기도 하였다. 목민관에게는 이러한 점을 주의 깊게 살피라는 당부가 전해졌다. 하지만 백성을 직접 대면하다 보니 그 불만을 바로 받는 것도 아전들이다. 민란이라도 일어나면 가장 먼저 타깃이 된다. 그러다 보니 그들의 수취는 과도하기가 어렵다. 수령과 향청의 감독도 받아야 하고, 어느 정도 인심도 유지해야 하는데다가, 줄곧 거기서 살아야 하기에 지역을 피폐하게 만들어서는 안 된다. 막말로 한탕만 해먹고 가버릴 수 있는 처지가 아닌 것이다.

향리에 대한 감독은 수령의 중요한 임무이다. 『목민심서』「이전 6조」에서 머리로 꼽은 것도 '아전 단속(束吏)'이다. 하지만 사실상 행정 실무 능력을 갖춘 이들의 도움 없이는 행정을 보지 못한다. 게으른 원님이라면 일은 아전들에게 맡겨놓고 적당히 감독만 하면서 보낼 수도 있다. 하지만 결코 아전에 맡겨서는 안 되는 것이 송사의 처결이다. 물론 준비하고 정리하고 기록하는 일들은 서리들이 하겠지만, 심리와 판결은 원님재판이 되더라도 원님이 해야 한다. 어려운 법률 지식도 요구되는 일이기에 재판은 수령으로서 기꺼운 일이 아니다. 물론 형방刑房 관속이 도와주기는 하지만, 자칫하면 이들의 농간에 소송이 놀아날 수도 있다. 그래서인지 지방관의 행정 지침서로서 가장 먼저 등장한 것이 소송법서였다.

법 적용을 다투다

나주에서 이지도와 다물사리가 다투던 때로부터 불과 3년 전인 1583년(선조 16) 2월 21일, 송관 김성일의 본관인 경상도 의성義城에서는 이함과 김사원이 관아의 뜨락에서 쟁송하고 있었다.[9] 한쪽은 재령 이씨이고 다른 쪽은 안동 김씨로서 모두 쟁쟁한 가문이었다. 앞에서 든 송사가 사실관계를 주로 다루었던 것과는 달리, 이 소송에서는 사실관계에 관한 다툼이 없고 법률의 적용 문제에 관하여 서로가 심각하게 대립하였다.

김당金塘의 맏딸이 1538년 11월 이은보李殷輔와 결혼하고 10개월 뒤에 자녀 없이 죽자, 김당은 딸에게 주었던 노비 4구를 다시 찾아갔다. 이후 이 노비들의 소생은 김당의 자손들에게 상속되었다. 40년이 넘게 지나 이은보의 아들 이함은 제사 지낼 몫(奉祀條)조차 나누어주지 않았다면서 김당의 맏손자 김사원을 상대로 소를 제기한 것이다. 김성일이 나주에서 1584년에 판결한 나씨羅氏 집안과 정씨鄭氏 집안 사이의 사건도 이와 유사한 분쟁이다.[10] 당시는 상속 관습이 변화하는 과정에 있던 시기로서 이런 분쟁이 잦았던 것으로 보인다. 이함은 주장한다.

> 《경국대전》에 따르면 "의자녀義子女와 전모前母의 관계는 친모자와 같으
> 니 유서에 나누어주지 말라는 말이 있더라도 인정하지 말라."고 하였습
> 니다. 그리고 1548년 수교에는 "전모의 신新노비 소생은 의자녀가 제사
> 를 받들고 상복을 입을 경우 그들에게만 주라."는 글월이 있습니다. 따
> 라서 제게 처분해주시기 바랍니다.

이에 김사원도 맞섰다.

> 원고는 1548년의 그 수교만 알지 1554년 9월 22일 장예원에 내려진 수
> 교를 모르고 있습니다. 거기에는 "원재주原財主가 이미 나누어준 것에
> 대해서는 다시 분란을 일으켜 다투지 못한다."고 되어 있습니다. 소를
> 각하해주십시오.

피고가 든 위 법규에 대해 이함은 또 신노비에는 해당하지 않는다는 해
석론을 제시하였다. 이처럼 양 당사자가 법률 규정을 들며 서로 대립하는
모습이 이함 결송입안에 나타난다. 김사원은 또 상피를 들어 이송을 신청
하기도 하고, 자신이 노비를 점유하고 있지 않으므로 현재 점유자가 있는
고을로 법에 따라 옮겨달라고 요청하기도 한다. 그 밖에도 질병이나 모친
상을 이유로 대며 소송을 정지시켜달라는 등 가능한 모든 법적 수단을 동
원하고 있다.
　지방의 재판에서조차 상당히 치밀한 법률적 논변이 이루어지는 것이 인

상적이지 않을 수 없다. 오늘날처럼 변호사가 대리하는 것이 아닌데도 어떻게 이들은 수령들도 어렵다는 법적 논변을 능숙하게 구사하면서 자기 주장을 펼치는 것일까. 특히 위에서 인용하는 수교라는 것은 법전과 달리 간행하여 반포하는 것도 아닌데, 어떻게 저리 자세히 알고 있을까. 그것은 두 집안이 급제자를 배출하는 유력한 가문인 까닭도 있겠지만, 당시 널리 유포되어 있었던 소송법서들 덕분이다. 「안가노안安家奴案」이라고 하는 유명한 1586년 판결문[11]에는 "국법 단송 조斷訟條에는 … "이라고 하면서 법조문을 인용하여 주장하는 것이 보인다. 하지만 국법에는 단송조가 없다. 이는 소송법서에서 스스로 분류한 편목일 뿐이다. 이 책이 법전으로 여겨질 만큼 일반에 널리 신용되고 있었음을 보여주는 것이라 하겠다.

소송법서

소송법규를 분류·정리해놓은 조선 전기의 서적으로서 후세까지도 널리 이용된 것은 『사송유취詞訟類聚』이다. 여러 번 복간되기도 하고, 필사되기도 하여 『결송유취』, 『결송지남』, 『청송지남』, 『사송록』 따위의 여러 명칭으로 유통되었다. 『사송유취』는 특별한 설명 없이 법전과 수교들에서 소송에 관계된 규정들을 모아 분류·정리해놓은 것이지만, 법전 상호 간의 명확한 관계, 소송이론을 바탕으로 한 분류 체계 등을 볼 때 조선 전기에 이룩된 소송법이론의 결정판이라 할 수 있다.

이 법률서는 안산군수安山郡守를 지낸 김백간金伯幹(1516~1582)이 지은 것인데, 그의 아들 김태정金泰廷이 전라도 관찰사로 있으면서 편찬한 것이다.

기술자를 보유하고 있는 감영이나 관아에서는 목판본 책을 찍어서 보급하는 일도 했었다. 『사송유취』의 발문 등을 보면, 김백간이 생전에 완성해놓은 원고를 바탕으로 1585년(선조 18)에 출판된 것이다. 이 소송법서는 철저하게 민사소송을 위한 지침서로 만들어졌기 때문에 사송법서詞訟法書라 할 만하다. 조선 후기에는 『사송유취』를 바탕으로 대폭 보충하여 이후의 제정 법령과 형사소송에 관한 부분까지도 포함한 『결송유취보決訟類聚補』가 나오기도 하였다. 당시 가장 민감한 법률 문제가 소송이었고, 소송의 심리가 수령의 중요한 직무였음을 짐작하게 한다.

그런데 여기서 의문을 가질 수 있을 것이다. 『사송유취』가 편찬된 것이 1585년이면, 어떻게 2년 전인 1583년의 소송에서 소송법서를 이용했을 것이라는 이야기를 앞에서 한 것인가. 하나의 가정으로는 『사송유취』가 출판 전에 유통되었을 가능성을 말할 수 있다. 이는 발문에서 인쇄 전에도 이 책이 세상에 알려져 있었음을 시사해준다. 또 다른 가능성은 『사송유취』가 발행되기 전에도 여러 소송법서가 존재했다는 것이다. 특히 『사송유취』가 보여주는 세련된 체제와 이론적 바탕은 그 출현이 갑작스러운 느낌마저 준다. 이제는 후자의 가능성이 입증되었다.

현재 우리나라에 전해지는 조선 전기의 소송법서는 『사송유취』뿐이다. 그런데 우리나라에서 보이지 않는 16세기의 소송법서들이 일본에서 다수 전해지고 있는 것이 확인된다. 그것들은 『청송제강聽訟提綱』, 『사송유초詞訟類抄』, 『대전사송유취大典詞訟類聚』, 『상피相避』이다. 마지막의 『상피』는 겉장이 떨어져 나가 표제를 알 수 없어서 첫 번째 편목을 제목으로 삼은 것이다. 『청송제강』은 나고야名古屋의 호사문고蓬左文庫에, 『사송유초』는 도쿄국립공문서관國立公文書館의 나이카쿠문고內閣文庫에, 『대전사송유취』는 쓰

쿠바筑波의 쓰쿠바대학 중앙도서관에, 『상피』는 도쿄의 손케이카쿠尊經閣에 소장되어 있다.[12]

이 책들이 어떠한 연유로 일본에 보관되고 있는지는 더욱 자세한 조사가 필요하겠지만, 정황으로 미루어보면 대체로 임진란 무렵에 건너간 것이 아닌가 여겨진다. 나이카쿠문고와 호사문고의 소장본들은 대체로 도쿠가와 이에야스德川家康(1542~1616)의 장서에서 기원한다. 도쿠가와는 애서가였다고 하며, 1601년 무렵부터 본격적으로 책을 모으고 출판하는 일에 힘썼다. 이 책들은 그의 유언에 따라 일족인 비슈尾州, 기슈紀州, 미토水戶 세 집안에 분배되었다. 이는 스루가오유즈리본駿河御讓本이라 불린다.[13]

분배를 맡은 이가 하야시 라잔林羅山이었다. 삼분하여 보내기 전에 약간의 책을 에도江戶성에 보냈는데, 이 책들이 나이카쿠문고에 보관되고 있다. 기슈가로 보내진 책은 지금 흩어졌다고 하며, 미토가에 분배된 책들은 쇼코칸문고彰考館文庫에 보관되어 있는데, 다른 책들과 섞여 현재는 식별할 수 없는 상태라 한다. 그리고 비슈가에 보내진 책들은 현재 호사문고에 보존되어 있는데, 3분의 1가량이 유실된 분량이라 한다. 이렇게 볼 때 나이카쿠문고와 호사문고에 보존된 우리나라 책들은 대체로 16세기 이전의 책들이라 할 수 있다. 그리고 그 유입 경로로 가장 유력한 것은 임진왜란이라 할 수밖에 없는 것이다. 나이카쿠문고에 보관되어 있는 『사송유초』는 원소장처가 쇼헤이자카 학문소昌平坂學問所라고 되어 있다. 쇼헤이자카 학문소도 또한 하야시 라잔이 세운 가숙家塾에서 유래한 것이다.

이 밖에 『사송유취』의 다른 판본인 『결송지남』과 그 필사본인 『사송록』 따위도 일본 국회도서관과 나이카쿠문고에 소장되어 있다. 『결송지남』은 16세기에 인쇄된 것으로 보이는 데다 보존 상태가 무척 좋다. 그리고 군

유시마성당湯島聖堂 **대성전** 1630년에 세워진 하야시 라잔의 사설 학원인 홍문관弘文館에는 공자 사당도 있었다. 1657년 화재로 건물이 불타자 1690년 제5대 쇼군인 도쿠가와 쓰나요시德川綱吉는 도쿄 간다神田 유시마湯島에다 대성전大聖殿을 건립하였고, 학숙도 옮겨 쇼헤이자카 학문소로 개칭하였으며, 1797년에는 막부의 관립교육기관이 되어 쇼헤이코昌平黌라 하였다. 메이지유신 이후 이는 정부에 인계되었고, 그것이 도쿄제국대학의 전신이다. 대성전은 1923년 간토關東 대지진으로 불탄 뒤 1935년에 복원되어 현재에 이른다.

데군데 일본식 독음 표기가 붓으로 더해진 것으로 보아 누군가 읽고 연구하기도 한 듯하다. 하지만 구체적으로 어떤 영향을 끼쳤는지는 아직 알 수 없다. 『사송록』도 매우 깨끗이 상·하 두 권으로 필사되어 있다. 이런 점들로 미루어 가장 히트한 작품은 『사송유취』라 하겠다.

내용으로 볼 때 『청송제강』·『사송유초』·『상피』보다 『사송유취』·『대전사송유취』가 충실하다. 간기와 수록 법규 등을 통하여 시기 추정을 해보더라도 후자들이 나중에 만들어졌음을 알 수 있다. 따라서 완성도가 뛰어난 것도 역시 『사송유취』와 『대전사송유취』이다. 둘은 모두 목판본이고 비슷한 시기에 나온 것으로 보인다. 『청송제강』, 『사송유초』, 『상피』는 필사본으로 전해지고 『사송유취』와 거의 같은 체계를 갖지만, 그보다 시기도 이르고 완성도가 떨어진다. 하지만 인용하는 법전들이 차이가 있기 때문에 단선적으로 발전해갔다고는 볼 수 없다.

홍미로운 것은 『대전사송유취』이다.[14] 여기에는 『사송유취』에서처럼 신번申潘이라는 저자가 나타나고, 법조문에 대한 그의 빼어난 해설이 달려 있다. 거기다 내용이 가장 풍부하고 알려지지 않은 자료도 나타나며, 법률들 사이의 효력 관계에 대하여 명확한 인식을 하고 있어 조선 전기 소송이론의 결정판이라 할 수 있다. 그런데 저자가 후기에서 밝혔듯이 중앙의 사법기관에서 일한 탓인지, 다른 소송법서와 달리 《경국대전》식의 육전六典 체제를 고수하고 있다. 전란에 의한 유실이 없었다면 이 책도 조선 후기까지 중앙관서를 중심으로 애용되었을 것이다.

사송유취

가장 널리 유포된 소송법서인 『사송유취』가 일반 법전과 눈에 띄게 다른 것은 육전 체제를 타파했다는 것이다. 《경국대전》이 1485년에 최종 확정되어 시행한 이후 여기에 실리지 못한 중요한 법령들과 이후의 법령들을 모은 《대전속록大典續錄》이 1492년에 편찬되었고, 1543년에는 그 이후의 법령을 수록한 《대전후속록》이 나왔다. 그리고 1555년에는 《경국대전》의 조문 가운데 어려운 용어를 해설하고 법률적 의미에서 한정하기 위한 공식 주석서로서 『경국대전주해經國大典註解』를 펴내기도 하였다. 이들 법전들의 특징은 〈이전〉, 〈호전〉, 〈예전〉, 〈병전〉, 〈형전〉, 〈공전〉이라는 육전 체제, 곧 업무 수행 기관별 편제라는 것이다.

이 방식은 중앙 행정기관이 자기 직무를 수행하는 데는 편리할지 모르지만, 참조하기에는 불편한 점이 많았다. 예를 들어 소송과 관련하여 상피와 같은 법관 관련 규정은 인사관리를 규율하는 〈이전〉에 있고, 토지소송은 국부를 관리하는 〈호전〉에 실리고, 노비소송은 장예원이 있는 〈형전〉에 나오고, 양자養子에 관련된 사건은 예제禮制에 속하므로 〈예전〉에서 규율하게 된다. 주제별로 접근할 때는 이용하기에 그리 좋은 편제가 아닌 것이다.

『사송유취』는 1)상피相避, 2)단송斷訟, 3)청송聽訟, 4)친착親着, 5)결송일한決訟日限, 6)금제禁制, 7)위조僞造, 8)속신贖身, 9)진고陳告, 10)정송停訟, 11)속공屬公, 12)매매買賣, 13)매매일한買賣日限, 14)징채徵債, 15)입후立後, 16)봉사奉祀, 17)향역鄕役, 18) 면역免役, 19)공신功臣, 20)혜휼惠恤, 21)혼가婚嫁, 22)역로驛路, 23)공천公賤, 24)사천私賤이라는 24편목으로 나누고, 각 편목마다 위의 법전들에서 관련 조문들을 뽑아 분류하여 정리한 것이다. 이처럼 각 법전의 조문들을 통합하여 구성하는 방식은 조선 후기에 정부에서도 시도하게 된다. 『전록통고典錄通考』나 『전율통보典律通補』가 그것인데, 육전 체제를 유지하고 있으며 설명을 붙이기도(『전록통고』) 한 점에서 『대전사송유취』의 체제와 유사하다고 할 것이다.

『사송유취』의 편제는 소송이론적으로도 앞서간 모습을 보인다. 곧, 소송요건과 실체 법규를 구별하는 편제를 하고 있다는 것이다. 제기한 소가 적법한 취급을 받기 위해 갖추어야 하는 사항은 흔히 소송요건이라는 개

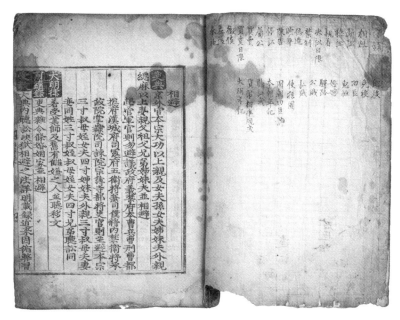

념으로 정리된다. 이것이 흠결되었을 때는 원칙적으로 본안심리에 들어 갈 것도 없이 소를 각하해야 하는 것이다. 그리하여 법관에 관계된 사항인 1)상피, 소 각하 사유를 중심으로 한 2)단송, 소송 수리에 관한 3)청송은 소송요건에 관계되어 본안심리 전에 검토되어야 할 부분이므로 앞쪽에 배 열되었다. 단송을 청송의 앞에 배치한 것도 그 점에서 이론적이다. 그리고 당사자의 법정 출석을 심리적으로 강제하는 4)친착, 사안의 경중에 따라 소송 처리 기간을 정한 5)결송일한도 소송행위와 절차에 관계된 부분이라 앞쪽에 놓인 것이다. 그 이후 실체법적 규정들이 배치된다. 소송 심리 순 서에 입각한 구성이라 할 수 있다.

실체법과 절차법

소송법서에는 절차 규정들뿐 아니라 실체법적인 민사 규정들도 함께 실려 있다. 소송요건이나 소송행위에 해당하는 것들을 앞쪽으로 배치하고, 실체법이라 볼 수 있는 것들을 뒤편으로 놓는 등 절차법과 실체법의 차이를 어느 정도 인식하는 모습을 보여준다. 그래도 명확한 정도에까지 이른 것이라 하기는 어렵다. 그것은 민사 분쟁을 원만히 해결하는 데 그 규정이 필요한지의 여부가 양자의 구분 문제보다 중요했고, 입법의 초점도 거기에 맞춰져 있었기 때문이다. 따라서 소송법서들은 소송절차에 대한 법규뿐 아니라 준거 지침이 되는 여러 민사 관련 법규들도 함께 싣고 있는 것이다.

민사소송의 경우, 그 나름대로 죄형법정주의가 적용되는 형사소송과 달리, 법규가 없더라도 관습법이나 조리에 근거하여 판결을 내릴 수 있었던 것으로 보인다. 이를 '정情'과 '리理'에 따른 원리라 말하기도 하지만, 관습은 변화하는 것이고, 조리에 터잡은 판결은 자칫하면 '귀에 걸면 귀걸이' 식으로 오해받기 십상이다. 이는 판결에 대한 불복을 초래하고 분쟁을 격화시킨다. 이 때문에 통용되는 관습이 없거나 사회의 변화로 그것이 흔들리게 되어 분쟁이 일어나는 경우에는 합리적인 해결 지침을 마련하지 않을 수 없다.

조선의 민사 관계 규범들은 구체적인 분쟁들을 해결해 나가는 가운데 만들어진 지침들이다. 곧, 법의 계수繼受나 탁상에서의 입법 활동으로 형성된 규범들이 아니라, 넘쳐나는 구체적 사례들을 마주하고 고민한 끝에 세워진 규정들인 것이다. 수많은 판결들을 통하여 추상화된 규범을 만들어

냈다는 의미에서는 판례법적인 성격도 지닌다고 할 수 있다. 이런 까닭으로 대개 소송 관계 법안을 제출하는 기관은 노비변정도감奴婢辨定都監과 같이 판결을 담당하는 기관들이고, 이를 임금이 재가하는 형식으로 법률이 이루어졌다. 그래서 실체법적인 권리도 처음 수교受教 단계에서는 '판결하여준다(決給)', '나누어준다(分給)', '준다(給)' 하는 식으로 규정되어 판결을 염두에 둔 소송법적인 형태로 기술된다. 다만, 이들이 『경국대전』에 규정될 때에는 지금의 민법전에서처럼 추상화된 조문으로 수록된다.

이렇게 볼 때 당시에는 민사소송 법규에 대하여는 소송에 대한 조문뿐만 아니라 민사 실체 규정까지를 포함하여 이해하고 있었고, 권리의 실현과 구제도 소송을 통하여 확보되는 것이라는 인식을 하고 있었던 것으로 보인다. 그리하여 모든 권리 문서의 말미에는 상투적으로 "문제가 발생할 경우 관官에 고하여 바로 잡을 것"이라는 문구가 붙는 것이다. 로마인들은 권리를 궁극적으로 소송에서 관철할 수 있는 법적 보호를 받는 지위나 자격으로 관념하였고, 이를 소권訴權이라 하여 "자신에게 귀속하여야 할 것을 소송으로 추급하는 권리"라 정의하였다.[15] 법적 사유 방식의 측면에서는 우리 전통시대도 이와 비슷했다고 할 수 있겠다. 유럽에서 이러한 소권법 체제로부터 실체법적인 요소를 분리해내게 된 것도 19세기 후반에 이르러서였다.[16]

『사송유취』는 절차의 흐름에 따른 주제별 편제라는 특징을 지니면서, 구체적인 소송 절차는 또 「청송식聽訟式」이라 하여 말미에 따로 마련해두었다. 민사소송의 개시부터 심리, 판결에 이르기까지의 과정을 순서대로 기술하면서 심리할 때 빠뜨리지 말아야 할 사항들을 조목조목 정리한 것이다. 곧, 민사소송 체계의 완성된 뼈대를 보여주고 있는 것이다. 이 「청송

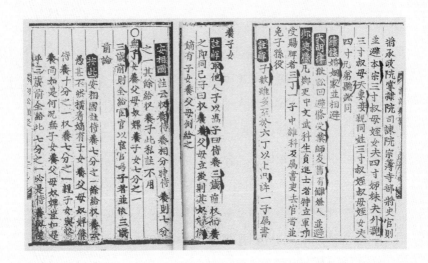

『대전사송유취』의 법전 수록 체계

『대전사송유취大典詞訟類聚』도 편목별로 여러 법전의 조문들을 모아 싣는 형식을 취하고 있지만, 그 인용에는 일정한 대원칙이 지켜지고 있다. 곧, 《경국대전》과 《명률》의 조문이 앞쪽에 놓이고, 다음으로 『대전속록』과 『대전후속록』의 조문이 실리며, 수교는 맨 마지막에 배치한다. 그리하여 전典과 록錄의 뚜렷한 구별과 수교의 개념적 지위를 살필 수 있게 한다. 그럼으로써 《경국대전》은 따로 나타내지 않고서 바로 〈향리鄕吏〉 조와 같은 편명 아래에 바로 그 조문을 수록한다. 《명률》은 **大明律**(대명률), 『대전속록』은 **續錄**(속록), 『대전후속록』은 **後續錄**(후속록), 『경국대전주해』는 **註解**(주해)라고 머리에 붙여 구별한다. 『경국대전주해』는 전집과 후집으로 되어 판본도 전해지는데, 후집은 정부에서 간행한 것이 아니라 『경국대전주해』의 편찬에 주도적으로 참여했던 안위安瑋가 개인적으로 지은 것이다. 이 차이를 알고 있는 저자는 후집의 내용들은 **安相國**(안상국)이란 표지로 구별하여 수록한다. 자신의 검토는 **按此**(안차)라 표시하여 서술한다. 『대전사송유취』는 법전 간의 효력 체계를 이처럼 배열 순서로만 나타내는 데 그치지 않고, 형식에서도 위 그림처럼 시각적으로 구현하고 있다. 곧, 『경국대전』 외의 법전들은 그보다 한 칸 내려서 시작한다. 이는 《명률》도 마찬가지인데, 순서만 다른 법전들보다 앞에 놓일 뿐이다. 『경국대전주해』는 법률이 아니라 해설서이므로 법전보다 또 한 칸 내려서 수록한다. 후집(安相國)은 사찬私撰이므로 공식 주석서인 전집보다 한 칸 내려 싣는다. 자신의 견해(按此)는 안상국보다 아래 단에 배치한다. 조선 전기 법학의 수준을 보여주는 자료이기도 하다.

식」은 다른 어디에서도 찾아볼 수 없다는 점에서도 의의가 있다. 『청송제
강』에도 「청송식」이 보이지만, 이는 처음부터 필사된 내용이 아니라 책의
소장자가 나중에 덧써넣은 것으로 보인다.

수교와 법전

　소송법서의 중요한 특징은 수교가 다수 수록되어 있다는 것이다. 그런
데 소송법서에 실린 수교는 이두가 떨어져 나가고 한문 어투에 맞게 고쳐
수록되어 있다. 『각사수교各司受敎』에 실린 것들은 인명과 상황, 이두가 그
대로 나타나는 것으로 보아 원문 그대로라 할 수 있다. 『사송유초』에 실린
수교는 이들과 비슷하여 예외적이다. 따라서 소송법서에 실린 수교들은
다듬어진 형태이고, 이 또한 중요한 특징이다. 왜냐하면 이 가운데는 《수
교집록受敎輯錄》에 수록된 것과 완전히 일치하는 것도 보이고 있어, 《수교
집록》 편찬 시 『사송유취』도 참고되었을 가능성을 엿보게 하기 때문이다.
　이제까지 '수교'라는 말이 자주 등장하였다. 이는 그때그때 시의에 맞춰
국왕의 명령 형식으로 내려지는 법률이다. 수교受敎라는 말은 교敎, 곧 임
금의 명을 받들었다는 뜻이다. 하지만 그것은 형식일 뿐이고 실제로는 특
정한 사안이 생겼을 때 신료들과 의논을 거친 결론으로 제정된다. 따라서
이는 법전이 아닌 단행법령이며, 임시적이고 일시적인 법령으로 여겨졌다.
하지만 이런 수교들의 집적을 바탕으로 법전이 만들어진다.
　조선은 초기부터 영구히 지켜야 할 법인 '전典'과 일시 필요에 따라 시행
하는 법인 '록錄'을 구별하는 대원칙을 수립하였다. 따라서 《대전속록》이나

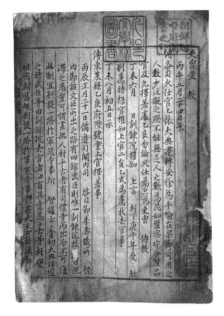

「각사수교」

《대전후속록》은 《경국대전》을 보충하는 법전으로 효력 관계상 그 하위에
놓인다. 그리하여 소송법서들에서는 반드시 《속록》과 《후속록》의 규정들
은 《경국대전》의 법규 다음에 놓는다. 특히 『대전사송유취』에서는 이들 법
전의 표기를 《경국대전》보다 조금 아래로 내려가게 함으로써 가시적으로
드러나도록 한다. 당연히 수교는 이들보다도 아래에 놓이게 된다.

　대전이나 록의 법령들에 대하여 수교는 보충적인 효력을 가질 뿐 아니
라, 시의에 따른 구체적 타당성을 추구하는 면이 있기 때문에, 좀 더 현실
적인 지침이 되기도 한다. 《대전후속록》의 편찬 이후로는 거의 150년 남
짓이나 공식적인 법전 편찬이 끊어져 1698년(숙종 24)이 되어서야 《수교집
록》이 공포되었는데, 이 사이를 메워준 법이 수교였다고 할 수 있다. 1739

년(영조 15) 무렵에 《신보수교집록新補受教輯錄》도 나오지만, 이는 반포되지 않았다. 《수교집록》은 명칭에서 알 수 있듯이 수교들 가운데 법전에 실릴 만한 것들을 모은 것이다. 오랫동안 시행된 수교들 가운데 폐가 없는 유익한 것들로 판명된 법규들이 '록'의 지위로 승격되는 것이다. 《수교집록》과 《신보수교집록》의 규정들, 그리고 그 밖의 수교들 가운데 영구히 준행할 만하다고 인정된 것들은 《속대전》에 수록되었다.

『각사수교』 등에 원문의 형태 그대로 실린 수교가 《수교집록》의 수록을 거쳐 《속대전》에 정착되면서, 동일한 내용의 법문이 어떻게 바뀌는지를 살펴볼 수 있다. 이는 '수교', '록', '전'의 차이도 가시적으로 느끼게 한다.

한성부 계목 한성부 판관 이성李塦이 윤대輪對하면서, "사연이 참으로 그러하여 폐해가 됩니다. 이제부터 입묘가사入廟家舍는 제사를 주관하는 자손이 대대로 이어받도록 하는 편이 좋겠습니다. 다만 세월이 오래되어 퇴락하고 비가 새도 보존, 보수할 능력이 없는 경우와 튼튼한 건물로 바뀌서 봉안하려는 경우는 제외해야 할 것입니다. 이 경우 말고는 후손 아닌 이가 제 것이 아니라는 생각으로 마음대로 팔아서 이익을 취하여 조상의 신주가 갈 곳 없게 만드는 것은 일체 금하여 마음대로 팔지 못하게 하는 것이 어떻겠습니까?" 하고, 가정嘉靖 35년(1556) 4월 24일에 아뢰니, 그리하라 하셨다.　　　　　　　　　　　　—『각사수교』「한성부」

입묘가사는 제사를 주관하는 자손이 대대로 이어받도록 한다. 다만 세월이 오래되고 퇴락해도 보수할 능력이 없거나 튼튼한 건물로 바꾸려는 경우를 제외하고는 후손 아닌 이가 마음대로 파는 것은 일체 금지한다.

가정 병진년(1556) 승전.   —《수교집록》〈예전〉 봉사

입묘가사는 제사를 주관하는 자손에게 대대로 이어받게 하지만, 마음대
로 파는 것은 금지한다.   —《속대전》〈예전〉 봉사

『각사수교』에 실려 있는 수교는 그것이 제정되는 과정까지 알 수 있을 정도로 구체적으로 기술되어 있다. 이것이 《수교집록》으로 정리되자 일단 형식적으로 이두가 사라진 모습을 볼 수 있고, 내용에서도 인명이나 정황이 사라진 추상적인 형태로 규정되게 된다. 그것이 《속대전》에 실릴 때는 더욱 간결해지고, 정리된 형태로 수록된다. 더구나 위의 《속대전》 규정은 한 조문의 일부이다. 해당 조문의 전문은 다음과 같다.

맏아들이 후사 없이 죽어 다시 다른 아들을 세워 제사를 받들게 되면,
맏며느리는 총부塚婦로 보지 않는다. [주註: 토지와 노비는 중자衆子의 예에
따라 나누어준다. 입묘가사는 제사를 주관하는 자손에게 대대로 이어받게 하지
만, 마음대로 파는 것은 금지한다.]

여기서 "입묘가사는… " 이하를 제외한 부분은 1553년 11월 10일의 수교에서 온 것이다. 이 수교의 원문에도 김익정金益精, 김석윤金錫胤과 같은 사건 당사자 이름까지 그대로 나타나고 있지만, 《속대전》에 실릴 때는 추상적 조문으로 된다. 이처럼 수시로 내려진 여러 수교들은 관계되는 것끼리 서로 묶이기도 하고 나뉘기도 하면서 정리를 거치고, 마침내는 추상화된 형태로 법전에 수록되는 것이다. 그리고 이는 오랜 시행을 거쳐 폐해가

없는 법으로서 영구히 시행할 만한 것으로 확인이 되었음을 의미하기도 한다.

문제는 이런 수교들이 반행頒行되지는 않는다는 것이다. 각 기관이 업무 수행상 관련 수교를 지속적으로 모아놓았을 것이라 여겨진다. 그리하여 『각사수교』가 전해지고 있다. 『대전사송유취』에 따르면 수교를 모아놓은 『준행록遵行錄』도 있었다고 한다. 하지만 『각사수교』는 반포된 것이 아니라 누군가가 필요하여 베껴놓은 것으로서, 모든 수교를 다 수록하고 있지도 않다. 더구나 외부로 유통되지도 않았던 것으로 보인다. 이런 점이 다수의 수교를 싣고 있는 소송법서들이 탄생하게 된 한 배경이었을 것이다.

재판과 조정

양 당사자가 주장과 증거를 남김없이 제출하는 데 이르면, 수령은 판결을 내리게 된다. 이제까지 보아왔듯이 제기된 모든 변론에 대하여 신중한 심리가 진행되면, 사실상 판결을 기다릴 것도 없이 결과가 보이는 지경이된다. 이런 경우 송관은 때때로 화해를 유도하여 성사시키기도 한다. 이경우에도 입안을 작성하는데, 이함 결송입안이 그 예다. 판결보다는 조정으로 화해를 성립시키는 쪽이 오히려 더 좋은 것이라고 말하는 법관들도적지 않다. 국외에서 조정의 효율성을 강조하는 사례로 자주 활용되는 이야기로 다음과 같은 것이 있다.

다다미를 만들어 파는 사부로베三郎兵衛는 설을 쇠려고 3냥을 빌려서 돌아오다가 그것을 잃어버렸다. 한참 지난 뒤 건재상을 하는 초주로長十郎는 길을 가다가 어느 둑 아래서 3냥이 든 주머니를 주웠다. 초주로는 '잘못해서 이를 잃어버린 사람은 얼마나 속이 타겠는가?' 하고 생각하면서 돈이 싸인 종이를 보니, '다다미 가게의 사부로베'라고 쓰여 있었다. 곧바로 초주로는 마을에 내려가 다다미 가게를 하는 사부로베를 수소문하였고, 마침내 그를 찾을 수 있었다.

그런데 사부로베는 "한번 잃어버린 것은 내 것이 아니오. 받을 수 없소." 하고 말했다. 초주로는 "나도 일부러 일을 쉬고 품을 들여 돌려주려 왔는데 받으시오." 하고 맞섰다. "받으시오." "못 받겠소." 하고 옥신각신하다가, 마침내 원님인 오오카 다다스케大岡忠相 부교(奉行: 일본 에도시대 지역행정관)에게 판결해달라고 하였다. 이 욕심 없는 에도江戸 백성들의 깨끗한 마음에 감동한 다다스케는 자기 품에서 한 냥을 꺼낸 뒤 원래의 3냥에 보태어 4냥을 만들었다. 그러고 나서 그것을 2냥씩 두 사람에게 나누어주며, "3냥을 잃어버리고서 2냥을 찾은 사부로베, 3냥을 주웠는데 2냥만 갖게 된 초주로, 공연히 1냥이 빠져나간 나, 이렇게 세 사람이 함께 1냥씩 손해를 보는 것이 어떠한가." 하고 판결하였다.

이는 「세 사람이 한 냥씩 손해 보다(三方一兩之損)」라는 고사로, 일본에서 유명한 명판결의 사례로 알려져 있다. 법관인 오오카 다다스케大岡忠相 (1677~1751)는 뛰어난 재능을 인정받아 제8대 쇼군將軍인 도쿠가와 요시무네德川吉宗에게 발탁되어, 41세에 에도마치江戸町 부교로 취임한 뒤 여러 명판결을 내린 것으로 유명하다. 그의 수많은 에피소드들은 책으로도 묶여 전해진다. 그러나 연구에 따르면, 다른 부교들이 한 재판이나 중국의 이야기들이 그의 이름을 빌려 전해지는 일이 적지 않다고 한다. 위 이야기도 그러한 예에 속하는 것으로 분류된다.

우리 사법부도 조정에 적극적이다. 민사조정법이나 가사소송법에서 규정된 조정제도를 이용하는 것뿐만 아니라, 일반 민사 법정에서도 조정으로 당사자의 화해를 유도하는 것을 강조하고, 그 결과 조정 성립률도 매우 높아졌다. 사실 오래전부터 외국의 관찰자들은 한국 법관은 조정을 하려 한다는 것이 하나의 특색이라고 지적해왔다.[17] 여기에 국외에서 이른 바 ADR(Alternative Dispute Resolution, 재판 외 분쟁 해결, 대안적 분쟁 해결)에 대한 연구가 활발해지자, 그에 힘입어 대법원에서는 1987년부터 조정제도 활성화 방안을 세우고 이의 활용을 각 지방법원에 권장하였다.

대체적 분쟁 해결 방안이라고 할 때, 그 대안이란 소송절차에 대체하여 이용할 수 있는 효과적인 도구들로서 조정, 중재, 알선 따위를 제시하는 것이다. 법원이 하는 업무가 소송만이 아니기 때문에 법원이 조정을 하게 될 때 이 또한 ADR이라 부를 수 있을지 모른다. 그러나 이 논의의 등장은 법원을 이용하는 데 드는 시간과 비용 등의 문제 때문에 법원을 거치지 않고서 당사자들의 분쟁을 해결해보려는 노력의 산물이고, 그런 의미에서 법원과 대립하는 의미를 지닌다. 그리하여 외국에서는 ADR의 문제는 법원을 이용하지 않는 분쟁 해결이라는 생각으로 주로 접근하고, 나아가 외부의 해결을 통해 법원의 업무를 경감시킨다는 차원의 논의까지 진행된다. 이런 ADR을 우리 법원이 오히려 주도적으로 하겠다고 표방하고 조장하는 것은 좀 모순이다.

법원이 조정을 중요하게 생각하는 까닭을 다음과 같이 이야기하기도 한다. 재판 절차에서는 분쟁의 진정한 원인까지 살필 수 없고, 일도양단 식의 처리에서 오는 불안감이 있지만, 조정을 하게 되면 자율적이면서 신속한 데다가 유연한 해결이 가능하여 당사자들이 미래지향적인 관계로 결말을 맺도록 할 수도 있다는 것이다. 심지어 어느 법관은 "아무리 잘못된 조정도 아무리 잘된 판결보다 낫다."라고까지 말한다.[18] 그렇게 볼 만한 사례가 사실 없지 않다. 광주지법 장흥지원은 지역사회의 분쟁에 주민이 직접 참여하도록 하기 위해 2006년 9월 장흥에 사는 만 25세 이상 70세 미만의 주민을 배심원으로 공모하여 조정 절차에 참여시켰다. 그 광경의 한 장면을 전하는 기사는 다음과 같다.[19]

배심원들은 이날 조정 절차를 진행하는 최형표 광주지법 장흥지원 판사에게서 사건 개요를 들은 뒤 원고와 피고에게 궁금한 사항을 차분히 물어봤다.

"무단 점유했다는 토지가 얼마나 되고 측량은 언제 했나요?"

"원고는 피고 소유의 땅인 줄 알고 경작을 했습니까?"

"이 땅의 공시지가와 실제 매매가는 얼마나 됩니까?"

원고와 피고가 모두 퇴장한 뒤 배심원들은 조정안을 마련하기 위해 토론을 벌였다. 40여 분 동안 비공개로 진행된 토론에서 배심원들은 피고는 원고에게 100만 원을 주고 소송 및 조정 비용은 서로가 양보해 각자 부담하는 조정안을 내놨다. 배심원 윤모(55, 여) 씨는 "의견을 하나로 모으기 쉽지 않았으나 원고가 오랫동안 토지를 점유하고 농사를 지어온 것을 인정해 피고가 100만 원을 지급하도록 하고 대신 피고의 소유권을 원고가 인정해주는 것으로 합의를 봤다."고 말했다.

배심원 가운데 대표자가 조정안을 발표하자 원고와 피고 측은 고심 끝에 조정안을 받아들이기로 했다. 피고 홍씨는 "그동안 마음고생을 시켜드려서 죄송하다."며 원고 송씨의 손을 꼭 잡았다. 이를 지켜보던 배심원과 방청객들은 박수로 이들의 화해를 축하했다.

이러한 방식의 조정이라면 당사자들이 오히려 쌍수를 들어 환영할 것이다. 오히려 소송보다도 낫다고 생각할 것 같다. 이 사례는 정식 조정 절차를 통한 방식이지만, 일반 기일의 법정에서도 이런 방식으로 조정하여 화해를 유도한다면, 사법에 대한 신뢰도 높아질 것이다. 그런데 위에서 든 법원은 우리나라에서 규모가 작고 사건이 적은 법원 가운데 하나이다. 다른 일반 법원에서는 이처럼 시간과 정성을 들여서 조정을 진행하기 어렵고, 특히 소송에서 기일에 이런 방식의 조정을 하는 것은 불가능하다. 소송보다 훨씬 더 많은 시일과 비용(법원의 비용 포함)이 소요되기 때문이다.

이러한 방식은 법원 밖에서 수행되더라도 마찬가지로 시간이 더 걸릴 수밖에 없다. 그런데도 ADR이 신속하고 경제적이라 할 수 있는 이유는 무엇인가. 그것은 바로 법원에 사건이 밀려 있기 때문이다. 따라서 사건이 적체되어 있는 법원 대신에 공공 또는 민간 부문의 조정 절차를 이용하게 되면 훨씬 더 신중한 심리를 거치면서 빨리 끝날 수 있는 것이다. 그런데 법원이 신속과 경제를 내세우며 조정에 앞장서는 것은 본질을 보지 못하거나 외면하는 일이다. 실제로 재판상 화해 사건이 빨리 끝났다는 통계를 들기도 한다. 더욱 오래 걸려야 할 절차가 오히려 더 빨리 끝난다는 것은, 결국 절차의 유연성이라는 ADR이라는 장점—이는 법원이 아니기 때문에 갖게 되는 특장이라 할 수 있다—을 과도히 이용함으로써, 곧 법관이 적정선을 넘어 간여함으로써 화해를 압박하는 것이라 할 수 있다. 이는 소송의 이상에는 물론, ADR의 이상에도 합당하지 않은 것이다.

법원이 가진 분쟁 해결 기능을 효율적으로 발휘하여 분쟁을 근원부터 해결함으로써 사회의 화합을 도모하고 종국적으로 소 제기율을 떨어뜨리기 위해 적극적으로 ADR을 활용하는 것이라고 하기 위해서는, 그에 상응하도록 제도를 수립하고 운영해야 할 것이다. 하지만 현재 법원의 양상은 지나치게 많은 사건 부담을 시설과 인원의 확대 없이 처리하려는 고육지

책의 산물로 보인다. 심하게 말해서 조정과 화해로 종결하면 판결이유를 쓰지 않아도 되고, 상소할 수도 없게 되는 눈앞의 이익을 좇는 것이라 고백해야 하는 상황이라고까지 여겨진다.

법원의 조정 강조 정책에 따라 증가한 화해들은 상소할 수 없는 탓에 법원에서의 분쟁은 종식되지만 사회에서는 아픔으로 곪을 수 있다는 것이며, 그것이 새로운 분쟁의 씨앗이 될 수 있다. 이는 결국 사법의 불신으로 이어져 재판의 정당성에 대한 국민의 인식을 더욱 떨어뜨리게 된다. 법원은 자기 역할에 대하여 확실한 인식을 가져야 한다. 먼저 본연의 임무인 재판을 통해 당사자의 응어리를 풀어주겠다는 의식으로 접근하고, 그것이 소송 절차에서 구현될 수 있도록 여러 방법을 강구해야 할 것이다. 그것이 현재 법원의 실정상 어렵다고 판단되면, 국민의 동의를 구해 예산과 인력을 확충하는 방향으로 나아가는 것이 옳은 방법이 아닐까 생각해본다.

법원이 적극적으로 조정에 나서는 것은 법원 밖에서 대체적 분쟁 해결이 활성화되는 데 걸림돌이 되기도 한다. 사람들이 법원 대신 공공기관이나 민간기관의 조정 프로그램을 따르도록 하려면, 법원을 가더라도 거의 같은 결과가 나온다는 확신이 들게끔 해주어야 한다. 법원에 가면 달라질 수 있겠다는 생각이 든다면, 조정안을 받아들일 이유가 없다. 그러기 위해서는 복잡하고 애매한 사안일수록 법원의 확고한 판결이 정립되어야 한다. 하지만 일반적인 인식은 그런 사건일수록 법관이 적극적으로 화해를 시키려 애쓴다는 것이다. 그럴 경우 판례가 형성되지 못하고, 일반 ADR에서의 기준을 제시해주지 못하여, 유사한 시안은 끊임없이 법원으로 오게 될 것이다. 눈앞에서는 사건을 더는 듯이 보이지만 장기적으로 법원의 부담을 증가시키는 일이 될 수 있다. 결국 법원은 재판을 잘하는 것이 ADR

에 도움을 주는 일이다. 진정으로 대안적 분쟁 해결을 위해 노력하고 싶다면, 인프라를 확충하고 심리를 충실히 하는 데 애쓰는 쪽이 타당하다.

4장 진실을 찾아서

나주 법정에 이르다

조선시대의 판결문에는 현재의 소장에 해당하는 소지를 비롯한 모든 기록의 내용이 실려 있다고 앞자락에서 살핀 바 있다. 하지만 이지도·다물사리 소송의 판결문은 그 앞부분이 심하게 떨어져 나가 소지의 내용을 잘 알 수 없다. 그래도 다른 부분에서 소지의 내용을 언급하는 기재가 있어 내용을 짐작할 만하다. 남평南平에 사는 이지도는 나주의 소송이 있기 전에 이미 영암군에 소를 제기했던 것으로 보인다. 이미 보았듯이 피고가 있는 곳의 관청, 곧 척재관隻在官에 제소함이 원칙이므로,[1] 영암 관아의 성균관비라 칭하는 다물사리가 사는 곳인 영암군에 관할권이 있다.

소지의 내용은 다물사리가 자식을 많이 낳아 기르면서 앙역仰役하기도 하고 신공을 바치기도 하다가 요사이에 주인을 배반하여 성균관비라고 우긴다는 것이었다. 그러면서 이지도의 어머니 서씨는 감영監營에다 이송을 신청하였다. 원고는 다물사리의 사위인 구지仇之가 영암군 노비빗리(色吏)와 공모하여 이루어졌다는 주장도 하고 있는데 그 점도 사유로 들었을 것이다. 관찰사는 다툼의 대상이 되는 노비가 속한 관청에서 재판이 이루어지는 것은 알맞지 않다면서 나주로 보내도록 하였다. 다물사리 쪽은 낭패가 아닐 수 없다. 이지도의 주장대로라면 구지는 영암에서 유력자일 터인데, 그가 전혀 힘을 쓰지 못하는, 그것도 전상호라는 김성일이 다스리는 나주로 가서 송사를 벌이게 된 것이다.

당연히 피고들은 순순히 나주까지 가려 하지 않았을 것이다. 이지도는 너덧 차례나 잡아 보내줄 것을 청하였다. 마침내 영암군수는 그들을 잡아서 보내려 하였으나, 구지와 다물사리는 도주하였다. 그러다가 뜻하지 않게 다물사리를 잡게 되어 이지도와 함께 나주로 보내 소송하도록 하였다. 그리고 그때까지 영암에서 이루어진 소송기록도 잘 갈무리하여 같이 딸려 보냈다. 드디어 나주 관아의 뜰에서 재판이 이루어지게 된 것이다.

원고 "다물사리는 양인입니다!"

판결문에 나타나는 심리 절차는 주로 당사자들의 진술로 이루어져 있다. 그로 미루어 구술주의口述主義가 원칙이었던 것으로 보인다. 그리하여 양 당사자가 시송다짐을 하고서 이루어지는 첫 절차도 원·피고의 최초 진술이다. 당사자나 증인이 하는 진술을 '삶등'(白等: 숣등)이라 한다. 시송다짐할 때의 '다짐'은 진술한 내용이 틀림없음을 확인하는 것 또는 자신이 약속한 것을 지키겠다는 서약을 의미한다. 우리가 흔히 쓰는 '다짐을 받는다'

소송하는 모습
김윤보의『형정도첩』중 〈고피고원고재판
古被告原告裁判〉 그림이다.

는 표현은 여기서 유래하는 것이다. 당사자의 진술이 있고 나서야 송관이
캐묻는 심리가 이어지는데, 원고가 먼저 말한다. 원고는 소지를 제출할 때
청구하는 바를 밝혔지만, 다시 말로 진술하는 것이다. 대개는 소장의 내용
보다 장황하다. 이지도가 말을 꺼내기 시작한다.

> 아버지 이유겸李惟謙의 노비인 주산主山의 아들이 윤필允必인데, 그는 나
> 주에 사는 이순李順의 딸인 다물사리와 결혼하여 인이를 낳았습니다. 인
> 이는 영암군에 사는 사노私奴인 구지와 결혼하여 봉세, 봉선, 봉화, 인
> 화, 봉익, 봉이를 낳아 기르면서, 신공身貢을 바치기도 하고, 앙역仰役하
> 기도 했습니다.
> 　그런데 갑신년(1584)부터 이를 거부하여 노복을 시켜 잡아오려 하자

구지가 작대기로 패면서 내쫓아버렸습니다. 더욱이 그는 장모인 다물사리를 꼬드기고 영암군의 노비빗리와 짜서, 그녀를 죽은 성균관비成均館婢 길덕吉德의 소생으로 자수하도록 한 뒤, 영암군의 장부에 등록시켰습니다. 이처럼 본주를 배반하고 불법적으로 관비로 삼는 것은 큰 죄이온 바 통분하기 짝이 없습니다.

대체로 구지는 광포한 사람으로 부유한 까닭에 관리와 짜고서 거리낌 없이 못하는 바가 없는 이입니다. 구지는 옥천沃川 사는 사람의 종놈인데, 성균관에 투탁하여 본주를 배반하는 등 버릇이 안 좋습니다. 저희 아버지는 십 몇 년 전에 무고한 일로 화를 입어 도망다니는 중인 데다가, 저는 나이 어린 유생이며 어머니도 미약한 부녀입니다. 다물사리와 구지는 이런 기회를 틈타 주인을 배반시키는 꾀를 내었으니 더욱 통분합니다. 다물사리가 관비라고 칭하지만 몇 십 년 뒤에 나타나 자수하였으니 진위를 가려야 할 것입니다. 그녀가 나주 태생이라는 것은 모두가 알고 있는데도 영암군의 소생이라 말합니다. 이는 호적을 상고하여 윤필의 사조四祖와 이순의 사조四祖를 확인해보면 드러날 것입니다.

'역役'이라는 것은 우리말로 '구실'이라고도 하는데, 지금으로 치면 '서비스'라 번역하는 쪽이 적당할 것이다. 노비는 누군가에게 역을 지고 있는 존재인데, 공천公賤은 국가와 공공기관에 서비스를 제공해야 하고, 사천私賤은 개인에게 그것을 바쳐야 한다. 사노비의 역에는 상전의 손발이 되어 노동력을 제공하는 방식이 있다. 일반적으로 우리의 뇌리에 각인되어 있는 모습이 그런 것인데, '앙역'이라 부른다. 이런 노비를 사환노비使喚奴婢라 하거나 가내노비家內奴婢라 분류하기도 한다. 하지만 주인집과 가구를

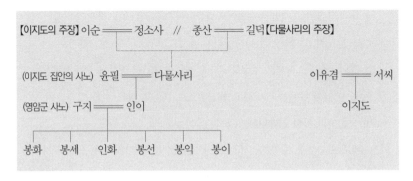

【이지도의 주장】이순 ══ 정소사 // 종산 ══ 길덕【다물사리의 주장】

(이지도 집안의 사노) 윤필 ══ 다물사리   이유겸 ══ 서씨

(영암군 사노) 구지 ══ 인이   이지도

봉화   봉세   인화   봉선   봉익   봉이

당사자들의 주장에 따른 가계도

달리하며 독자적으로 살림을 꾸려가는 노비들이 훨씬 더 많았고, 학계에서
는 이들을 납공노비納貢奴婢나 외거노비外居奴婢라 하여 구분한다. 이들은
앙역에 갈음하여 상전에게 해마다 '신공身貢'이라는 일정 금액이나 현물을
바쳤다. 이지도는 집안의 노비들이 앙역과 신공을 거부한다고 하여, 그들
이 부모의 노비임을 확인받아 추심하고자 하는 것이다.

　원고가 자신의 노비라 주장하는 것은 인이와 그 자녀들, 곧 7명이다. 그
근거는 다물사리의 신분 때문이다. 이지도가 주장하는 다물사리의 가계는
위의 그림과 같이 구성할 수 있다. 이지도 집안의 종인 윤필이 다물사리와
혼인하여 낳은 딸인 인이의 신분은 노비일 수밖에 없다. 앞에서 보았듯이
어버이 가운데 한 사람이라도 천인이면 그 자손은 노비가 되는 것이다. 그
런데 다물사리도 노비라 할 때 인이는 누구의 노비가 되는지 하는 문제가
있다. 윤필의 상전인가 아니면 다물사리의 주인인가. 조선의 제도는 어머
니 쪽을 따르는 것으로 하였다. 곧 인이는 다물사리의 주인에게 역을 지게
된다. 하지만 다물사리가 양인이라면, 윤필을 따라 노비가 되어 그의 상전

에게 매이게 되는 것이다. 다물사리가 노비가 아니라고 이지도가 주장하는 까닭이 여기에 있다.

피고 "저는 노비이옵니다!"

의송에 나오는 원고 이 아무개의 다짐 때문에 사건의 원인을 아룁니다. 저의 아버지 종산(從山)은 제가 어렸을 때 돌아가셔서 이름도 몰랐습니다. 어미는 성균관비인 길덕인데, 제가 다섯 살 때 죽어 저는 할아버지나 외할아버지가 누군지도 모릅니다. 열세 살 때 나주에 사는 윤필과 결혼하였고, 그가 죽은 연도와 날짜는 기억나지 않습니다. 이렇게 살다가 영암군에 사는 사위 구지의 집에 들어갔습니다. 그러던 중 갑신년(1584)에 영암군에서 저를 성균관비라 하여 군의 장부에 편성하고 봉선奉先, 봉익奉益, 봉화奉化, 봉세奉世, 인화仁花, 봉이奉伊의 신공을 받아갔습니다.

죽은 남편 윤필이 이유겸의 노비인데, 그 집안에서 인이의 자손이 많은 것을 노려 저를 양인이라고 호적에 올렸습니다. 하지만 저의 어머니 길덕은 성균관의 여종입니다. 진위는 영암군에 공문을 보내 천안賤案을 상고해보면 양천이 분명히 나타날 것입니다. 죽은 남편 윤필은 상전의 압박을 견디지 못하여 저를 양인이라고 호적에 올린 것입니다. 하지만 저는 백성이 아니라 성균관의 계집종이 확실합니다. 상고하여 가려주시옵소서.

다물사리는 위와 같이 자신의 입장을 밝혔다. 자신은 양인이 아니라는 표현으로써 "백성이 아니라"고 하는 대목이 흥미롭다. 그녀의 주장은 자신의 어머니가 성균관 소속 관비이므로 그에 따라 자신도 성균관비라는 것이다. 이에 따르면 그녀의 딸과 손자들도 성균관에 딸린 노비들이 될 것이다. 다물사리가 자유인이기를 거부하고 굳이 노비이고자 하는 까닭은 자손들을 공노비로 만들기 위해서라는 것을 알 수 있다. 공천 쪽이 사천보다 나은 모양이다. 대체로 공노비 쪽이 사노비보다는 처지가 낮고, 사노비 중에서도 외거노비가 앙역노비보다 구속이 덜하리라는 것은 짐작할 만하다. 실제로 앙역을 둘러싼 극한 갈등 사례들이 전해지기도 한다. 이처럼 양쪽의 주장이 맞서면 증명의 문제로 들어가게 된다. 여기서는 다물사리의 신분이 무엇인지 하는 사실만 확정되면 모든 것은 그에 따라 풀린다고 할 수 있다.

신분과 성명

새벽이면 언제나
꿈 속에 껴안은 순녀가 아닌,
돌쇠 형님이나 폰쇠를 보듬고 있었다.
아 담살이도 사랑을 할 수 있는가?
머슴에게도 시집올 짝이 있는가?
　　　　— 문병란, 『동소산의 머슴새』,[2] 제1부 담살이편 13,「박순녀」중에서.

그 사람이 노비라는 것은 이름만 봐도 알 만한 경우가 있다.[3] 많이 알려진 돌쇠, 마당쇠 따위는 그 대명사처럼 쓰인다. 돌쇠(乭釗)에서 '돌'은 그런 음을 가진 한자가 많이 있는데도 군이 우리 자체 제작 한자인 '乭'로 표기한다. '石乙(석을)'로 표기하던 것이 합체된 것이리라. 오랜 버릇 탓도 있겠고, 의미가 바로 드러나기 때문이기도 할 것이다. '개介'도 많이 들어간다. 개똥(介同), 개떡(介德), 강아지(江牙之, 羌牙之) 등이다. 이처럼 종의 이름에는 좀 천한 사물을 뜻하는 우리말이 들어가는 경우가 많다.

한문으로 노비의 이름이 지어지는 경우도 적지 않았다. 이 경우에도 성姓이 없는 일이 많긴 하다. 여기서 피고의 외손주들로 나오는 봉화奉化, 봉세奉世, 봉선奉先, 봉익奉益, 봉이奉伊는 분명 한자식 이름이다. 하지만 이때도 특징이 있다. 상전을 잘 받들라는 의미인지 '봉奉' 자를 돌림으로 쓰는 것이다. 그 밖에 태어난 순서대로 일一, 이二, 삼三 자를 넣어 짓기도 한다. 앞에 나온 유희춘의 첩이었던 무자戊子처럼 태어난 해를 이름으로 삼기도 하였다. '일日' 자가 들어간 이름도 꽤 있는데, 이는 '노동'을 뜻하는 '일'의 음차音借가 아닐까 여겨진다.

다물사리라는 이름도 자주 나타난다. 지금도 다물사리에서 줄어든 것이라 여겨지는 '담살이'란 말이 남아 있다. 남의 집에 일하면서 얹혀사는 이를 가리킨다. 다른 집의 영역(담) 안에 들어가 산다고 하는 의미이거나, 하인들의 거처가 주로 담 밑에 있어서 생긴 말이거나 할 것이다. 다물사리도 담, 그리고 그와 같은 뜻인 '울'에 '살이'가 붙어 이루어진 말인 듯하다(담+울+살이). 그리하여 다물사리도 이름으로 봐서는 천한 쪽이라 할 수 있다. 하지만 이로써 그녀의 신분을 노비라 할 수 있을까.

이름에 천한 사물이나 순종 따위의 의미가 들어가고 성姓이 없는 등의 특징이 노비의 이름에서 나타나곤 한다. 하지만 이런 점들이 보인다는 것만으로 노비라 단정지을 수는 없다. 조선 전기에는 성을 일반적으로 사용하지 않았기 때문에 일반 양인이나 천민이나 이름 쓰는 방식은 엇비슷하였다. 조선 후기에 가서는 성의 사용이 증가하고 양반이 폭증한 반면, 노비는 급격히 줄어들었다. 그리하여 순우리말이 들어간 이름을 가진 양인도 많았고, 성을 사용하는 종도 있었다. 강도야지姜刀也之라는 살인범이 정조의 판결록인 『심리록』에 나오지만 그를 노비라 단정할 수 없다. 또한 문벌 양반의 자식들도 어렸을 때 이름(兒名)은 천하게 부르기도 했다고 한다. 사실인지 모르겠으나 고종 임금은 개똥이었고, 황희 정승의 아명이 도야지였다는 이야기도 있다.

마찬가지로 다물사리가 천한 직역에서 비롯된 이름이라는 것만으로 그를 노비라 단정할 수 없다. 뒤에도 나오지만 이 할머니는 이씨李氏 성의 자유인일 수도 있다. 실제로 소송에서도 그녀의 신분에 대한 예단을 갖지 않고 조사에 들어가고 있다. 담살이란 말도 가내노비에게만 쓰이는 것은 아니다. 특히 노비가 급격히 줄어든 조선 말기에 가면 거의 머슴의 일종을 뜻하는 말이 된다. "신분에서 계약으로(from status to contract)"라는 말이 있듯이, 천민에서 풀려났더라도 경제력이 확보되지 않으면 고용 관계라 할 수 있는 머슴으로 유력한 집안에 들어가게 되는 것이다. 그리하여 『한국민족문화대백과사전』에 나오는 담살이의 설명은 다음과 같다.

남의 집 행랑이나 재실·농막 등에 기거하면서 그 집의 일을 해주고, 대신 품삯이나 토지를 제공받아 생계를 유지하는 가족 또는 개인. 머슴살이와는 달리, 이들은 계약에 의한 고용노동을 하는 것이 아니라 일이 있으면 언제든지 참여하여 도와주고, 그 대신 주인집에서는 생계에 불편

담살이 의병장으로 유명했던 안규홍

『동소산의 머슴새』의 주인공 안규홍安圭洪(1879. 4. 10~1910. 6. 22) 선생은 담살이를 하면서 어머니를 극진히 봉양한 효자로도 이름이 높았다. 사진에서는 뒷줄 왼쪽에서 여섯 번째 인물이다. 그의 호를 발음이 비슷한 담산澹山이라고 한 것을 보면 머슴이었다는 사실을 숨기려 하지 않았던 것으로 보인다. 그는 1908년 머슴들을 규합하여 전남 보성의 동소산에서 의병을 일으켰고, 그해 2월 파청, 8월 진산, 다음 해 3월 원봉에서 일본군을 상대로 큰 승리를 거두었다. 하지만 1909년 9월부터 두 달간 대대적으로 전개된 이른바 '남한 폭도 대토벌작전' 때문에 의병을 해산하고 돌아가던 중 체포되었다. 사진의 인물들은 이 시기에 체포되어 대구 감옥에 갇혀 있던 호남 의병장들이다. 안규홍은 여기서 죽었다.

이 없도록 품삯이나 토지를 제공하게 된다.

이들과 주인의 관계는 노비처럼 예속의 관계가 아니라, 외면적으로는 상호 협력적인 관계에 있으면서 상하의 관계가 유지되었다. 담살이를 하는 사람의 신분은 대부분 양인良人층이었다.

그러나 노비의 딸이 일정한 기간 동안 주인집을 드나들면서 일을 도와주는 드나살이를 마치고 혼인하여 담살이를 하는 경우도 있었고, 신분제도가 타파된 뒤 노비의 신분이었던 사람들이 그대로 주인집에 얹혀서 담살이를 하는 경우도 있었다.

산업화 이후 영세한 농민들이 도시의 공장노동자로 전업하게 됨으로써 담살이의 형태는 사라지게 되었다.

증거조사

당연히 당사자들의 모습이나 주장만으로는 진실을 알기 어렵다. 말하는 것만 듣고 귀신같이 알아 판결하는 것은 대단한 천재나 하는 짓이지 함부로 흉내 낼 일이 아니라고 다산茶山 정약용丁若鏞은 경고한다. 하지만 당사자가 스스로는 잘 꾸몄다고 한 것이 그 주장 자체에서 모순이 나타나 들통나는 경우도 있다. 정약용도 임진왜란 때 군공軍功을 세워 정릉참봉貞陵參奉에 제수되었다는 당사자의 주장에서 위조문서의 제출을 대번에 알아챈다.[4] 정릉에는 태종 때부터 참봉이 없다가 숙종 때 와서야 참봉직이 복원되었으니, 임진년 무렵에 정릉참봉이 있을 수는 없었던 것이다. 경험법칙에 어긋남을 발견해내는 수도 있다. 고상안高尙顏은 나주의 소송이 있기 5

년 전인 1581년(선조 14) 가을에 경상도 함창현감咸昌縣監으로 부임하였는데, 그 때 겪었던 일을 다음과 같이 회고한다.[5]

갑甲이 와서 "할망구가 밤이 되어 도망갔는데, 이는 아무 마을의 을乙이 꼬여낸 게 틀림없으니 처벌하여주십시오." 하고 고소하기에, 바로 을을 잡아다가 심문하였다. 을은 "저는 갑의 첩도 중매 서준 사람인데, 본처를 꾀어 남에게 줄 리가 있겠습니까?"라고 하였다. 내가 을이 한 줄 어떻게 알았느냐고 갑에게 물으니, 갑은 "우리 집 물건이 을의 집에 많이 있어서 알았습니다."라고 하였다. 을은 "팔기에 샀을 뿐입니다." 하고 맞섰다.

　나는 을에게 말하였다. "갑에게 첩을 소개한 이가 너라면, 본처는 너를 원수처럼 여겨 네 집에 불을 지를지도 모를 일이다. 그런데도 너에게 물건을 팔겠는가? 팔았다는 것은 네 아내와 서로 내통하고 있다는 얘기이니, 네가 꼬여내었다는 것이 불 보듯 뻔하구나."

　알고 보니, 을의 아내가 갑의 아내를 꾀어 친척에게 주기 위해, 먼저 갑에게 첩을 들여주어 의심을 푼 뒤 갑이 첩의 집에 있을 때 그의 아내를 빼낸 것이다. 투기하는 일반적 성향을 인식하지 못했다면 곡직을 밝혀내기 어려웠을 것이다.

　나씨와 임씨의 분쟁에서 김성일이 사건을 보고 대번에 곡직을 알아챘다는 것도 이러한 경우들에 해당하였기 때문일 것이다. 하지만 이런 경우는 매우 드물다고 할 수 있다. 각자 자신에게 유리하도록 사실을 구성하여 진술하는 당사자들의 말만 듣고서 정확한 사실관계를 파악하기란 쉽지 않은 일이다. 당연히 송관은 어느 쪽 진술을 믿어야 할지 혼란스러울 수밖에 없다. 그리하여 당사자는 자신이 주장하는 사실을 법관이 믿게끔 하려고 여러 가지 증거를 제출한다. 재판을 하는 이는 이렇게 법정에 나온 증거자료들을 잘 조사하여 진정한 사실을 밝혀내고, 그에 상응하는 법 적용을 해야 하는 것이다.

이지도와 다물사리는 피고의 신분에 관하여 서로 다른 사실을 주장하고 있다. 곧, 원고는 다물사리가 양인이라 하고, 그녀는 자신이 공노비라고 우기는 것이다. 무엇이 진실일까. 두 당사자는 이구동성으로 증거를 조사해 보면 밝혀질 것이라고 말한다. 앞에서도 서술하였듯이 현재와 마찬가지로 가장 주요한 증거방법은 문서이다. 여기서도 원척元隻이 모두 관아에서 보관하고 있는 장부를 들었다. 이지도의 말은 나주목의 호적을 보면 다물사리가 양인임을 알 수 있다는 것이고, 다물사리는 영암군의 천안賤案에 자신이 성균관의 계집종으로 올라 있다고 주장한다. 우선 이것들에 대한 조사를 해야겠다.

호적 상고

다음 날 송관과 아전들은 호적 조사에 들어갔다. 호적은 신분질서 유지, 군정과 수취의 대상자 확보에 기본 자료가 된다. 따라서 국가는 정기적으로 호구를 조사하고 정확한 호적 작성을 위해 애쓴다. 호적을 통해 신분에 관한 정보를 얻을 수 있는 것은 이에 따른 효과인 것이다. 신분을 다투는 이 소송에서도 호적을 참조하지 않을 수 없는 것이다. 고려시대에는 초기

1687년(숙종 13) 최인기가 경주부에 제출한 호구단자

오른쪽 위에 최인기崔仁基(37세)와 그의 아내(22세), 동생(35세) 세 사람의 증조부, 조부, 부, 외조부가 정서되어 올라 있다. 자식은 아직 어려서 기재하지 않은 것이라 여겨진다. 아래쪽에 빼곡히 적힌 것은 집안의 노비들로서 80구 남짓 된다. 경제력이 대단한 집안이었음을 알 수 있다.

에 해마다 호구를 조사하여 호적을 만들었다고 하는데 이후 식년式年, 곧 3년에 한 번씩 개편하는 것으로 바뀌었다고 한다. 조선의 호적제도도 고려의 제도가 거의 계승되었다. 다만 고려시대에 보이던 팔조호구八祖戶口식, 곧 고조까지 기재하는 방식은 사라지고, 증조와 외조까지 기재하는 사조호구四祖戶口식으로 정착되었다. 그리하여 세계世系를 확인하는 작업은 흔히 '사조를 확인한다'고 표현된다.

각 호에서는 3년마다 호구단자戶口單子라고 하는 신고서를 고을 수령에게 제출한다. 관가에서는 보관하고 있는 장적帳籍과 이를 대조하여 변동 사항을 반영하여 기재한 뒤 단자를 돌려주었다. 이러한 장적을 호적이라 하는 것이다. 이 호적은 해당 수령의 관아와 도道, 그리고 호조에서 하나씩 보존하였다. 호구의 정확한 파악과 시행을 위하여, 일정한 수의 호를 묶고 그 가운데 유력한 집으로 하여금 호구 동태를 파악하여 보고하도록 하는 인보정장제隣保正長制, 오가작통법五家作統法 등이 시행되었다. 호패법도 그를 뒷받침하는 기능을 하였다.

호적 작성이 기본적으로 본인의 신고를 바탕으로 한다는 점은 분쟁에서 공격의 대상이 되었다. 물론 진정한 기재를 담보할 수 있도록 위와 같은 장치들이 마련되어 있지만, 당사자들은 호적의 기재에 대하여 태연히 부정하는 태도를 보이곤 했다. 역시 나주에서 김성일이 처리했던 1583년(선조 16)의 소송에서도 윤원은 호적의 내용을 인정하지 않았고, 심리 결과 일부 기재는 사실과 달랐다(윤원 판결문서). 그렇다고 해서 국가의 공적 장부에 아무런 효력이 없다는 것은 결코 아니다. 다른 반증이 없는 한, 호적에 기재된 대로가 사실이라는 강한 추정력이 있었다. 다시 말해, 호적의 기재가 사실과 다르다는 입증은 그런 주장을 하는 쪽이 해야 하는 것이다. 그래서 신분 관계 소송에서 호적을 대조해보라고 맞서는 것은 일반적인 방어방법이고, 송관도 가장 먼저 기본적으로 확인해보는 것이 호적인 것이다.[6]

이지도는 다물사리가 양인인 이순의 딸이라고 나주의 호적에 나와 있으니 확인해보도록 요청하였다. 이에 대하여 다물사리는 영암군에 있는 노비 장부에 자신이 노비로 올라 있으니 확인해보라고 맞섰다. 하지만 다물사리에게는 불리한 점이 있었다. 그녀가 영암군의 천안賤案에 오른 것은 불과 2년 전의 일인 것이다. 더구나 이지도는 그녀 쪽에서 영암군의 노비 담당 아전과 짜고서 성균관비인 길덕의 소생으로 올린 것이라 주장하고 있다. 이런 상황에서 호적의 기재 내용은 다물사리에게 곤혹스러운 점이 되지 않을 수 없다. 피고는 이유겸 집안에서 몰래 자기를 양인으로 올린 것이라 주장하였다. 그 이유는 인이의 자손이 많은 것을 보고 탐을 낸 것이라 하였다.

압량위천과 암록

양인을 자기의 호적에다 자기의 노비라고 올려 천민으로 삼는 일이 없지 않았다. 이런 짓을 흔히 '암록暗錄'이라 불렀다.[7] 몰래 장부에 올린다는 뜻으로, 호적뿐만 아니라 다른 공적 서류에 실제와 달리 써넣어 그 효과를 보려는 모든 행위가 포함된다. 다물사리도 암록을 주장하였다. 다만 일반적인 경우와는 반대로 노비인 자신을 양인으로 올렸다 하고 있다. 그렇지만 그 자손을 사천으로 삼으려고 암록하였다는 점은 마찬가지다. 이처럼 양인을 노비로 삼는 행위는 '압량위천壓良爲賤'이라 하여 무거운 처벌대상이었다. 1543년에 편찬된 《대전후속록》에는 압량위천을 저지른 경우 전가사변全家徙邊한다는, 곧 전 가족을 함경도 변방으로 이사시킨다는 규정이 있는데, 이 조문은 이미 1465년(세조 11)에 제정된 것이다.

이후 암록은 법전에서 압량위천의 전형적인 한 사례로 나타난다. 1698년(숙종 24) 나온 《수교집록》에서도 "다른 이의 노비를 몰래 호적에 올린 것이 적발된 경우, 비리호송非理好訟과 압량위천의 규정으로 처벌한다."라는 규정이 나타난다. 여기서는 양인이 아니라 '다른 이의 노비'가 대상이다. 양인을 암록하였을 때는 당연히 《대전후속록》의 규정이 적용된다. 재미있는 것은 이치도 닿지 않는 소송을 즐기는 죄, 곧 비리호송죄로도 같이 처벌한다는 것이다. 이로 보아 남의 노비를 자신의 호적에 몰래 기재해놓았다가 소를 제기하는 사례가 자주 있었음을 짐작할 수 있다.

윤원 판결문서도 암록을 주장하는 사례이다. 윤원은 양금과의 사이에서 난 아들 윤손允孫을 임경수의 노비 상태에서 빼내고자 하였다. 양금이 임경수 집안의 계집종이라 하여 윤손도 그 댁 노비가 되어 있는 것이다. 윤

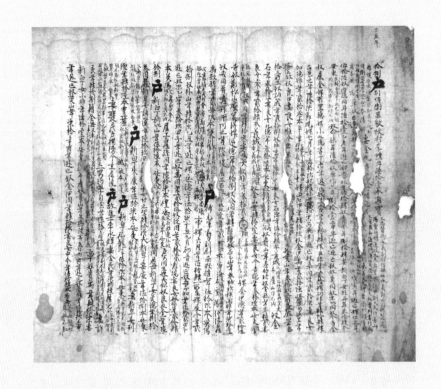

1528년(중종 23, 무자년)에 작성된 안동부 주촌周村 호적의 낱장

진성 이씨 집안에서 자기 집안의 호戶가 실려 있는 면을 뜯어내 소장해온 것으로 보인다. 낱장이
긴 하지만 이 소송에서 조사 대상이 된 호적들과 거의 같은 시기의 것이어서, 조선 전기 호적의
모습을 보여주는 매우 드문 자료이다. 굵고 큰 글씨로 '戶'라고 표시한 부분부터 한 호의 인적 구
성이 기재되어 있다. 여기에는 맨 처음 나오는 이훈李壎의 집을 비롯하여 모두 여섯 개의 호가 나
온다. 등재된 82명 가운데 52명이 노비인데 그중 17명이 도망 노비로 표기되어 있어, 이지도·다
물사리 송사와 관련하여 흥미를 자아낸다.

원은 양인인 양금을 임경수가 암록하여 압량위천하였다고 주장하였다. 곧, 자신의 양처良妻인 양금을 임경수 집안의 노비인 거작기巨作只의 아내라고 호적에 올려 처자식을 노비로 만들었다는 것이다. 여기서도 수십 년에 걸쳐 작성된 호적들이 두세 날에 걸쳐 검토되었다. 심리 결과 윤원의 주장대로 양금은 그의 아내인데, 거작기의 처로 임경수 집안의 호적에 올린 것임이 판명되었다. 하지만 그렇더라도 양금이 임경수 집안의 노비인 것은 인정되었다. 그리하여 양금의 자손들도 역시 그 집 노비가 되는 결과에는 변함이 없었다.

호적을 이용한 노비 침탈을 처벌하는 법규가 만들어지고, 몇 안 되는 결송입안 가운데 암록을 다투는 것이 두 건이나 남아 있는 것으로 보아, 암록이 시비가 된 소송이 성행하였음을 엿볼 수 있다.

조사 결과와 증인신문

조사 대상인 호적은 1522년(중종 17)에 편제된 호적, 곧 임오장壬午帳과 정유장(1537), 경자장(1540)이었다. 임오년 호적의 관련 기재 사항을 보면 이렇다.

> **호**戶 **이순**李順 : 61세 임오년생, 본관 진주, 아버지는 달오미達五未, 할아버지는 석기石只, 증조부는 성成, 어머니는 분금分今, 외할아버지는 진귀생陳貴生
>
> **아내 정조이**(鄭召史) : 46세 정유년생, 본관 나주, 아버지는 호장戶長 정

량鄭良, 할아버지는 호장인 사종士從, 증조부는 강하江河, 어머니는 나 조이羅召史, 외할아버지는 이삼중李三中

쟝녀 다물사리 : 16세 정묘년생

경자장의 기재는 다음과 같다.

호 사노私奴 **윤필** : 44세 정사년생, 아버지는 사노 주산主山, 어머니는 양 녀 보배寶背

아내 양녀 이조이(李召史) : 34세 정묘년생, 아버지는 학생 순順, 어머니 는 종대從代, 외할아버지는 이삼중李三中

경자년 호적에 윤필의 아내로 되어 있는 이조이는 임오장과 대조해보면 이순의 딸인 다물사리라는 것을 알 수 있다. '召史(소사)'는 이두식 표기인 데, 결혼한 여성에게 붙이는 이름으로서 '조시' 또는 '조이'라고 읽는다. 대 개 양인인 서민 여성에게 붙여졌다. 후대에 가서는 한자음대로 '소사'라고 도 많이 부르게 되었다. 다음 날인 3월 15일에 송관은 다물사리를 불러 호 적 조사의 내용을 확인시켰다. 하지만 다물사리는 인정하지 않았다. 호적 기재 사실은 서로 다투고 있는 사항이고, 앞에서 살핀 대로 호적만으로 확 정할 수 없는 사정이 있기 때문에 다음 단계의 확인 작업으로 들어간다.

닷새 후인 3월 20일 송관은 증인을 불렀다. 송정에 불려 나온 사람은 유 생儒生 조숭진曹崇陳으로, 77세의 노인이었다. 그는 윤필이 뒤에 얻은 아내 의 사위이다. 그 때문에 무언가 알 것이라 여겨 증인으로 채택된 모양이 다. 학봉은 그에게 다물사리가 양인인지 아닌지를 물었다. 조숭진은 아래

와 같이 답변하였다. 하지만 다물사리의 신분에 관한 사실 확인에 대해서
는 불분명하여 규명에는 그다지 도움이 되지 않았을 듯하다.

> 제가 나이가 들어 잘 기억하지 못합니다만, 신축년에 이유겸의 호노戶
> 奴 윤필이 결혼을 하였고, 품관品官인 최유원崔有源의 호비戶婢를 첩으로
> 들였습니다. 윤필은 다물사리라는 여자와 혼인하여 같이 살면서 딸 인
> 이를 낳아 길렀습니다. 인이는 사노인 구지라는 사람에게 시집을 갔고,
> 다물사리도 그 집으로 들어갔다고 합니다. 인이는 자식을 많이 낳아 이
> 유겸의 집에서 앙역한다고 들었습니다. 이것뿐이고 다물사리는 제가 본
> 적이 없습니다만, 마침 이지도가 양천을 다투고 있다는데, 인이와 이웃
> 하는 사람이라 알고 있습니다. 각 해의 호적을 상고해보면 분명하고 뚜
> 렷한 일입니다. 다물사리가 관비로 투탁投托하였다는 사정에 대해서는
> 알지 못합니다.

투탁

이날 영광 겸임 강진康津현감으로부터 온 첩정牒呈을 살펴보았다. 그즈
음 영암군수 원량元亮은 2월에 옮겨갔고, 새 군수 조경록趙景祿이 부임한
것이 4월이라, 3월은 공석인 상태였다.[8] 그리하여 이웃 강진현감이 겸하
고 있었던 모양이다. 첩정이란 낮은 관청에서 상급 관청으로 보내는 공문
을 말한다. 반대로 상급 관청이 동급이나 하급의 관청에 보내는 문서는 관
關이라고 한다. 그래서 나주목에서 영암군에 보내는 공문은 관이다. 그리

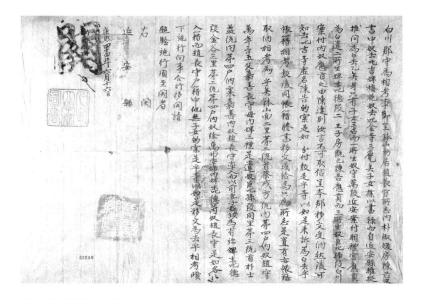

백천군에서 연안현에 보낸 관

백성의 신청에 따라 노비와 관련한 사항을 연안현에 확인해주는 내용이다.

고 광주목과는 서로 관을 주고받는다. 이미 김성일은 영암군에 다물사리의 신분을 조사하고, 몇 년도부터 성균관비로 올라 있는지 화급히 알리라는 관을 보냈었다.

첩정에는 먼저 첩정을 보내게 된 전말을 밝히면서, 구지는 미리 알고 도망치는 바람에 잡아 보내지 못했다며, 뒤에 잡게 되면 보내겠다고 하고서는 지시 사항에 대한 이행 보고를 잇는다. 먼저 성균관비를 차지次知하는 빗리(色吏)인 서원書員 최만수崔萬守를 다그쳤던 모양이다. 이지도의 주장에서 구지와 결탁하였다고 나오는 아전이 바로 이 사람인 듯하다. '차지'라고 하는 말은 현재 물건을 점유하거나 소유하는 것을 의미한다. 조선시대

1899년에 제작된 영암군 읍지

오른쪽은 내용의 첫 장으로 영암군의 설치 기사가 실려 있으며, 왼쪽은 원량元亮의 체직과 조경록趙景祿의 부임이 나타나는 선생안先生案의 기사 부분이다.

에는 그러한 경우 말고도 상전 대신에 형벌을 받는 노비를 이르기도 했고, 어느 부서의 일을 담당하는 직책을 뜻하기도 했다. 여기서는 마지막에 든 의미이니, 곧 최만수가 성균관 노비의 일을 담당한다는 얘기다. '色吏'는 빗리, 색리로 읽힌다. 각종 업무를 담당하는 하급 아전을 말한다. '빗아치'라고도 했던 모양인데, 더 오래된 용어일 것이다.

최만수가 고하기를, 다물사리는 관비로 투탁投托한 것이라 관련 서류는 원래 없다는 것이다. 투탁이란 문자상의 의미는 세력 있는 사람이나 기관에 몸이나 물건을 맡긴다는 말이겠는데, 역역役을 회피하기 위한 방편으로 성행하여 그러한 관행으로서의 의미로 정착되었다. 주로 양인들이 세금이

나 요역徭役 따위의 국역國役을 회피하려고 권세 있는 이나 국가기관의 노비로 들어가는 일이 적지 않았다. 그리고 토지와 관련한 각종 세금을 피하고자 자신의 논밭을 내수사內需司(왕실의 재정을 관리하는 관서) 따위의 관청에 속한 전답이라고 등록하는 일도 조선 후기에는 많았다. 고려 때에는 각종 혜택을 부여받았던 사원에 투탁하는 일이 성행하기도 했다.

이러한 투탁 관행은 납세하는 양인층의 감소를 가져온다.[9] 이로 말미암아 다른 양민들은 국역 부담이 증가하게 되고, 또 투탁의 유혹에 빠진다. 따라서 정부는 이를 억제하려 애쓸 수밖에 없다. 하지만 대토지 소유자인 양반층이나 관공서 등은 이런 관행을 통해 노비와 토지를 확충할 수 있었기 때문에 어느 정도 방조하는 형편이라서 그 근절은 쉽지 않았다. 본 소송이 진행되던 16세기에는 이런 투탁 관행이 특히 성행하였다고 한다. 이 시기에 이르러 지주제에 터잡은 대농장이 발달하고 군역에 대한 부담 등이 증가한 것이 원인이라고 연구되고 있다.

대체로 투탁은 여러 부담을 지기보다는 차라리 신분이 떨어지는 쪽이 좋다고 여기거나, 자신의 토지가 남의 명의로 되는 쪽이 낫겠다고 판단하게 될 때 이루어지기 마련이다. 이런 방법을 취하지 않을 수 없도록 만드는 수취 체계에 근본적인 문제가 있었음은 물론이다. 하지만 이러한 선택은 자신의 원래 신분이나 소유권이 침탈될 위험이 매우 커진다. 예를 들어, 관청이나 세도가에 논밭을 투탁한 농민들은 일제강점기에 새로운 토지 소유제도를 수립하려고 시행된 토지조사사업 때 자기 토지를 빼앗긴 경우가 없지 않았을 것이다.

다물사리가 투탁한 것이 사실이라 한다면 좀 특이하게 보일 수도 있다. 과부인 데다 역을 지는 나이도 지났다. 그녀의 나이는 여든 쯤으로 짐작되는데, 조선의 법제는 노비라 하더라도 예순이 넘으면 노제老除라 하여 역을 풀어주도록 되어 있는 것이다. 그러니 굳이 노비로 몸을 맡길 까닭이 없을 듯도 하다. 하지만 이미 살폈듯이 목적은 그의 딸과 손주들이다. 사가私家에 매이게 된 그들로 하여금 사역私役을 피해 관가官家에 속하도록 하는 것이다. 결국 전형적인 투탁과 다름없게 된다. 사천을 피해 공천이 되고자 하는 것이라면, 사노비보다는 공노비가 더 낫다는 이야기가 된다.

공천과 사천

양천제良賤制에서 천인은 크게 공천公賤과 사천私賤으로 나뉜다. 조선 초기에 단행한 사원寺院 개혁의 일환으로 절에 속한 노비들은 대거 속공屬公되어 각 부서에 배치됨으로써 공천은 그 수가 크게 늘었다. 이들은 공노비의 대다수를 이루었고, 주로 사섬시司贍寺에 소속시켜 거기서 관리하도록 하였다. 이런 유래 때문에 공노비를 시노비寺奴婢, 시사노비寺社奴婢라 부르는 일도 있었다. '寺'를 '시'라고 읽을 때는 비교적 작은 규모의 관청을 의미하여, 봉상시奉常寺(왕실의 제사, 시호 등의 사무), 내자시內資寺(궁내의 물자 공급과 연회를 주관), 군기시軍器寺(무기 제조), 종부시宗簿寺(종실 업무), 사복시司僕寺(가마, 말, 목장 사무), 예빈시禮賓寺(사신 접대) 따위가 있다. 원칙적으로 시노비는 이들 기관에 속한 공천을 가리킨다.

공천은 사천에 비해 수가 적었고, 국가기관에 소속되었다. 그리하여 크게 중앙관서에 속한 노비와 지방 아문衙門에 딸린 노비들로 나누어 볼 수 있다. 구체적인 기관에 따라 보자면, 관아에 속한 관노비官奴婢, 역참驛站에 딸린 역노비驛奴婢, 내수사內需司의 내노비內奴婢, 각종 기관의 시노비寺奴婢 등으로 일컬어지기도 한다. 문제의 인물인 구지에 대해서 시노寺奴라고 표기한 것도 보이지만, 이는 사노私奴의 오기일 것이다. 그런데 이들은 각기 속한 기관 내에 사는 것은 아니다. 다시 말해, 내수사의 노비라도 대체로 내수사 안에 있지 않으며, 중앙관서의 노비가 경상도 시골구석에 살고 있을 수 있다.

사실상 중앙관서의 소속 노비들은 대개 지방에 살고 있었다. 공노비들은 각 관청에서 정해진 노역을 부담해야 했기 때문에, 이들은 교대로 서울에 와서 입역立役하였다. 이를 선상選上이라 하였다. 선상은 매우 고된 일로 여겨졌지만, 모두가 선상노비였던 것은 아니고 대부분은 신공身貢을 바침으로써 입역을 면하였다. 《경국대전》에는 공천이 바쳐야 할 신공으로 사내종은 면포綿布 1필과 저화楮貨 20장, 계집종은 면포 1필과 저화 10장이라 규정하였다. 저화는 일종의 지폐로서 그 가치는 일정하지 않았지만, 《경국대전》에는 저화 스무 장이 면포 한 필에 해당하는 것으로 규정되었다. 조선 초엽이 지나고서는 저화 유통이 사실상 사라져, 실제로 바치는 노奴의 신공은 면포 2필이라 보면 된다. 이러한 신공은 국가 재정의 주요한 부분이기도 했다. 영조 때에는 반으로 줄어 사내종은 1필, 계집종은 반 필이 되었다.

사노비의 경우에도 상전의 집에 기거하면서 잡일을 하거나 농사를 짓는 이른바 솔거노비率居奴婢가 있는 반면에, 독립적인 생활을 영위하는 외거노비外居奴婢는 주인에게 신공을 바쳤다. 사천의 신공은 법전에 따로 규정한 바가 없다. 공노비의 그것이 기준이 되었으리라 여겨지지만, 사노비의 과도한 신공이 사회문제가 되기도 하는 걸로 보아 일반적으로 공천보다는 부담이 컸던 듯하다. 대체로 사천의 처지는 공천보다 못했던 것이다. 주로 16세기의 이야기를 담고 있는 『어우야담於于野談』에는 잔인한 인물에 대한 예시로서이긴 하지만, 무례하다고 하여 종을 죽이는 이야기가 실려 있을 정도이다. 순조 1년(1801)에는 공노비를 해방하는 조치가 이루어졌다. 사노비는 갑오개혁(1894) 때까지 남아 있었다.

착명

영암군수는 다물사리의 신분을 확인하기 위하여 천민들의 리스트인 천안賤案을 상고하려 했다. 빗리 빙만정氷萬丁이 무오년戊午年 정안흘림(正案流音)을 바쳤다. 이지도 판결문서에는 아전의 이름으로 빙만정이 2회, 최만수崔萬守가 1회 나타난다. 맡은 일이 같기 때문에 동일인을 초서로 쓰는 과정에서 잘못 기재하였을 가능성도 있다. 그렇다고 할 때는 글씨 모양으로 봐서 아마도 빙만정 쪽이 맞는 듯하다. 하지만 일단 원문대로 두어서 두 사람으로 취급하였다. '흘림'이라는 것은 주요한 사항들을 간추려 적은 것으로, 지금으로 치면 초록抄錄이나 초본抄本에 해당한다. 여기에 다물사리는 이름이 나타나지 않는다. 영암군수는 정안흘림책을 함께 감봉監封하여 보내면서 이런 사실을 보고하였다. 감봉이란 서류를 잘 포장하여 풀로 붙이고서 그 자리에 관인을 찍어 다른 사람이 뜯어보지 못하도록 하는 것을 말한다.

이제까지의 증거조사를 바탕으로 나주목사는 4월 2일 다시 법정을 열었다. 다물사리에게 어떻게 된 일인지 물었다.

영암군 천안에 "길덕 나이 48"이라 되어 있다. 정안正案에 있는 병오년
에는 70에 이르는데, 그 아래로는 닳고 떨어져 나가 상고할 수 없고, 아
버지는 이전룡李田龍이다. 자네는 갑신년 7월 25일 관비 길덕의 소생이
라 소지를 올려 자수함으로써 종모從母하여 함께 영암군에 오른 것이라
고 다짐을 제출하였다. 원래의 소지에 어머니 길덕이라고 하였는데, 갑
신년과 계미년 등의 천안에 이름이 붙어 있지 않다. 죽은 남편 윤필의
후처 사위인 조승진의 진술에서도 자네를 윤필이 양처로 혼인하여 집안
에 데리고 살았고, 딸 인이가 자식을 많이 낳아 이유겸 집안에서 앙역하
였는데 관비로 투탁한 사정은 알지 못한다고 분명히 말하고 있다. 꾸미
지 말고 사실대로 진술하라.

할머니는 대답한다.

이 계집종의 어버이는 처음에 관노비로 부려지다가 제가 어렸을 때 모
두 죽었습니다. 의지할 곳이 없어 이 고을에 들어와 사내종 윤필과 혼
인하였는데, 이 계집종을 백성이라고 하여 장적에 올린 것입니다. 저는
관비인 것이 확실합니다. 상고하여 시행해주십시오.

다물사리는 이처럼 말하고는 제시된 증거에 대하여 인정을 거부하고 착
명著名하지 않았다. 원고와 피고가 기일에 출석하여 진술한 내용들은 율생
律生이라는 담당 아전이 기록해두었다가 그날의 절차가 끝나면 당사자의
확인을 받은 듯하다. 글을 모르는 이에게는 읽어주기도 했을 것이다. 이러
고서 서명을 받는 것이 착명인데, 진술 내용이 틀림없다고 인정한다는 의

김성일의 서압(왼쪽)과 착명(오른쪽)
서압은 이 책 33쪽의 이지도·다물사리 판결문서에서, 착명은 35쪽의 한글 서간에서 볼 수 있다.

미이다. 그리고 이를 거쳐 생성된 글월도 다짐이라고 불렀던 것 같다. 제출된 증거에 대해서도 인정할 때에는 착명을 한다.

착명은 글자 그대로 이름을 쓴다는 뜻이다. 하지만 남들도 똑같이 쓸 수 없도록 어느 정도 성명을 알아볼 수 있도록 하면서도, 초서의 기법을 사용하여 빨리 쓸 수 있고 남이 흉내 내기 어렵게끔 하였다. 반면에 사인에 해당하는 것은 수결手決이라 하는데, 이는 속기와 모방 방지에 치중하여 무슨 글자를 이용했는지 알기 어려울 정도이다. 그런데도 일반적으로 지켜지는 원칙이 있었으니, 'ㅡ心(일심)'이라는 낱말을 써서 독특하게 그린다는 것이다. 법적 효과의 발생을 목적으로 하는 법률문서에 이를 기입하게 될 때에는 '서압署押'이라고 한다. 대체로 윗사람에게 올리는 문서에는 착명을 함께 하지만, 아래에 내리는 서류에는 서압만 한다.[10] 이지도 판결문서에도 목사의 서압만 보인다.

도장

    서압은커녕 글조차 모르는 사람들이 적지 않았던 터에 그들은 서면을 통한 법률행위를 하지 못했던 것인가 하고 생각될 수도 있겠다. 하지만 이들에게도 인정되는 그 나름의 서명 방식이 있었다. 서압을 하는 까닭은 법률행위자의 진정성을 확보하기 위함이다. 그것이 가능하다면 그 수단은 다양할 수 있다. 최근에는 전자서명뿐 아니라 지문이나 홍채 인식 시스템까지 신원 확인 수단으로 활용되고 있다. 저마다 신체상 서로 다른 홍채나 지문을 지닌다는 것이 판명되었기 때문이다. 과거에도 몸의 일부분이 이용되었다.

    수결을 하지 못하는 사내들은 계약서에 이름을 쓰고 그 아래에 수촌手寸을 했다. 방식은 이러하다. 먼저 짧은 선을 긋고는 가운뎃손가락의 맨 아래 손금을 그 선에 맞춘다. 그 중지의 맨 위에 점을 찍고 가로로 짧게 선을 그은 뒤 손가락의 양쪽으로도 그 모양에 맞춰 직선을 그린다. 그러면 손가락 크기의 길쭉한 사다리꼴이 그려지는데, 손가락 마디마디의 위치에도 표시를 한다. 사다리꼴 안에는 좌촌左寸이라고 쓴다. 여자는 우촌右寸이라고 적는다. 여성들은 오른손의 모양을 그대로 그리고서 그 안에 우수右手 또는 우장右掌이라고 써넣기도 하였다.

    이러한 격식은 다물사리가 살던 시기까지는 매우 잘 지켜졌지만, 조선 후기에 가서는 거래가 활발해지면서 다소 어그러지는 양상을 보인다. 수촌의 모양이 실제 사람의 손을 대고 그린 것으로 볼 수 없는 형태로 나타난다. 아마 수촌도 변치 않는 신체의 부분을 표시한다기보다 하나의 사인하는 행위로 되어버린 듯하다. 그리고 착명과 서압도 서로 구별이 모호해

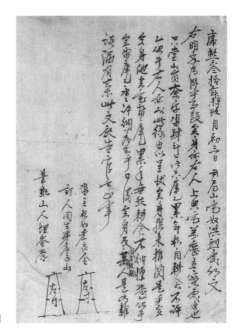

좌촌이 사용된 계약서

진다. 곁들여서 계약서의 내용도 보게 되면, 조선 전기에는 "흉년을 만나 먹고살 길이 없어…", "조상의 산소에 석물을 하느라 자금을 마련코자…" 하는 등의 매매 사유가 구체적으로 명시되었지만, 후기가 되면 그저 "쓸데가 있어서"라고 쓰는 것이 일반화된다.

전통적으로 계약서에는 도장을 사용해온 것으로 많이 알려져 있는데, 앞에서 살핀 것처럼 실제로는 요즘처럼 사인을 했던 것이다. 물론 인장印章을 사용하기는 했다. 선비들이 자신의 서화에 낙관落款을 하거나 할 때는 도장을 찍었다. 하지만 법률문서에 인장을 사용하는 계층은 양반 부인들에 한정되었다. 《경국대전》에는 남편의 품계에 따른 규격이 법정되어 있고, "경주 김씨인慶州金氏印" 하는 식으로 새기도록 하였다. 그러다 보니 빌려 쓰는 폐단이 생기기도 하였다. 그리고 관청에서는 관인官印을 사용하였다. 이처럼 도장의 사용은 매우 예외적인 것이었다. 인장의 보편적인 이용은 구한말과 일제강점기를 거치면서 인감제도와 같은 정책을 통해 형성된 것이다. 현재는 다시 사인을 하는 추세가 보편적이다. 다만 법제도 때문에 특별한 일부 법률행위에 대해서만 문서에 인감을 사용하는 정도이다.

추정소지

다물사리의 신문이 있던 다음 날인 4월 3일에 이지도는 또 소지를 올렸다. 다물사리의 신문 소식을 듣고서 그에 대하여 항변하려는 것이리라. 이럴 경우에는 최초의 소지와 구별하기 위하여 추정소지追呈所志라 부른다. 송관이 아직 기일을 열지 않았기 때문에 서면으로 제출하였을 것이다. 말로 하는 것보다 논리적으로 전달할 수도 있을 것이다. 내용은 이렇다.

> 다물사리가 양천良賤을 다투는 데에 앞뒤 진술, 장적帳籍, 노비안들의 내용이 서로 맞지 않는 것이 두드러집니다. 그가 배반하는 까닭은 대체로 이렇습니다. 다물사리의 딸 계집종 인이는 저희 조부모께서 살아게실 때부터 앙역하기 싫어서 도망가려 하기가 다반사였기 때문에 자기 집에 있도록 하면서 신공을 받았습니다. 요즈음에는 그의 딸인 계집종 인화, 봉이 등을 집안으로 불러들였는데, 부모들이 모두가 앙역을 거역할 꾀를 내고서는 집안의 물건을 종종 훔치게도 하고, 다시 드나들면서 도피하라고 꾀기도 하였습니다. 저희 어머니는 그 괴로움을 이기지 못하여

때때로 잡아와 벌을 주었습니다. 그런데 사내종 구지는 본시 강포하고 교활한 이로서 부유하게 사는데, 우리 집안을 짐짓 능멸하고, 수도 없이 불순한 말을 해대었습니다. 그렇지만 저희 아버지는 40세부터 화를 입어 떠돌고 있으며, 어머니는 부녀자라서 징치할 엄두를 내지 못하니, 생각할수록 아프고 분합니다.

그러던 차에 지난 갑신년(1584), 다물사리는 본래 나주의 일수日守(지방관아에서 잡일을 하던 무반 아전) 이순의 딸인데도 그의 사위 구지의 꼬드김으로 영암군 장부에 관비 소생인 양 자수하였으니, 때를 타서 배반하려는 정황입니다. 그리고 그의 진술에는 말을 꾸며내는 것으로 가득 차 있습니다. 다물사리의 진술에는 그가 다섯 살 때 어미가 죽었다고 하였는데, 노비안에는 길덕이 병신년(1536) 윤정월 5일에 죽은 걸로 되어 있습니다. 다물사리가 여든 살이니 병신년에는 그의 나이 서른이거늘 길덕이 죽었을 때 다섯 살일 턱이 없습니다. 다물사리가 갑신년의 자수다짐에서는 그 나이 78세라고 하여 이순의 장적에 나오는 나이와 서로 맞아떨어지는데, 이번에 진술할 때는 나이 82세라고 하니 앞뒤가 서로 다릅니다.

또 다물사리가 자수다짐에서 그의 아버지를 영노營奴(군영이나 감영에 딸린 노비) 종산이라 하였는데, 이제 와서 말할 때는 아버지 종산은 죽어서 이름을 몰랐다고 하니 앞뒤가 다릅니다. 종산은 길덕의 아비이고 길덕의 남편은 백성 이전룡이웁니다. 다물사리가 실제로 길덕의 소생이면서 할아비 이름 종산을 아비 이름이라 진술하였다면 말을 꾸미는 정황이 뚜렷합니다. 다물사리의 진술에서 아버지의 아버지는 모른다고 하였는데, 비록 미욱한 상놈이라도 할아버지의 이름을 모를 리가 만무합니다. 다물사리가 갑신년에 소장을 올릴 때 그의 군현을 자수소지와 다짐에서 분명히 하였는데도, 이번 진술에서는 본 고을로 성균관의 계집종이라고 속안繼案에 올리고서 친척들은 죽었다고 다짐을 하였는데, 본 고을로 속안에 올리는 것은 까닭 없는 일입니다. 이처럼 앞뒤가 다릅니다.

이지도는 다물사리의 진술이 오락가락할 뿐 아니라 이치에 닿지 않는다는 내용을 조목조목 지적하여 적고 있다. 아무래도 글이라면 배운 양반이 다를 것이다. 반면에 이 소송에서 척隻이 되는 노인네의 방어는 변변치 못했다는 느낌이다. 원고에게 유리한 증거자료가 속속 제시되고, 특히 호적조사에서 불리한 결과가 도출되었는데도, 다물사리는 천적을 상고해보면 알 수 있다는 식이었다. 4월 17일에도 그녀의 어머니라는 길덕에게 형제자매나 친척이 있는지를 송관이 물었지만, 조실부모한 탓에 있다는 얘기를 듣지 못하였으니 잘 상고해달라고 할 뿐이었다. 서로 맞서는 두 사람은 이제 제출할 자료도 다 냈고, 더 할 이야기도 없는 모양이다. 판결을 할 때에 이른 것이다.

5장 재판과 사회

원고와 피고의 변론이 종결되다

원·척의 변론과 증거 제출이 완료되면, 양 당사자는 "저희들의 소송에 대하여 그날그날의 다짐을 상고해서 법에 따라 처분하여주십시오."라고 말하면서 판결을 신청한다. 이를 결송다짐(決訟侤音)이라 하는데, 지금으로 치면 변론종결이라 할 수 있다. 결송다짐이 있은 뒤에는 심판의 대상을 기록한 다음 서명하여 확인한다. 이렇게 되면 당사자들의 소송행위는 마무리되었다고 할 수 있다. 결송다짐과 심판 대상의 확정으로 당사자의 모든 소송행위가 끝나고 법원이 판결하는 일만 남게 된다.

결송다짐을 하고서도 빠뜨리고 하지 않은 말이나 제출하지 않은 증거가 있는 경우, 판결이 내려지기 전에 추정소지를 제출하는 일도 있다. 송관도 판결을 위해 그 나름대로 증거조사를 하기도 한다. 윤원 판결문서에서는 변론종결 이후부터 김성일이 다른 지방관서에 확인 작업을 하고 중인을 심문하는 등 직권조사職權調査 활동을 벌이는 모습이 나타난다. 보충적인 직권조사를 통하여 변론주의와 직권주의의 조화를 이뤄가는 소송 체계를 살필 수 있는 것이다. 전통 사회에서는 진실을 가려주어야 하는 송관의 의무도 또한 강조되었기 때문에, 직권조사는 당연히 그에 수반되는 권한이었다고 할 것이다.

그런데 이지도 판결문서에서는 결송다짐이 나타나지 않는다. 실수로 기재를 빠뜨린 것으로 보이지는 않는다. 소송의 마무리로 치달으면서 다물사리는 자신의 진술에 대해 착명을 거부하기도 하는 모습을 보였다. 나이가 많아 잘 모르겠다는 식으로 버텼던 듯하다. 그로 보아 결송다짐도 하려하지 않았으리라 여겨진다. 재판이 불만족스럽게 진행된다고 여긴 모양이다. 체념한 것일 수도 있겠다. 조선시대의 소송은 그 형식에서 철저한 당사자주의의 모습을 보인다. 이미 살폈듯이 소송의 개시도 원·피고가 합의한 시송다짐을 하여야 이루어질 뿐 아니라, 판결도 양 당사자의 신청이 있어야 하는 것이 원칙이다. 이 소송에서는 원·척의 변론이 남김없이 끝났고 그것을 확인하는 절차도 거쳤기 때문에 결송다짐 없이도 판결절차를 진행한 것으로 보인다.

변론은 다물사리에 대한 4월 2일의 신문과 이지도의 4월 3일 추정소지로써 사실상 마무리되었다. 이때부터 김성일은 심사숙고에 들어갔을 것이다. 어느 정도 판단이 섰을 터인데, 빠뜨렸거나 미진한 것이 없는지 검토하는 작업이리라. 4월 17일에 다시 한번 다물사리에게 확인을 거치는 것을 봐도 그렇다. 길덕의 일가가 없는지를 물은 것으로 볼 때, 가능하다면 관련 사실을 좀 더 조사하여 확정지으려 했는지도 모른다. 혹시나 놓칠지 모르는 사항을 빠짐없이 체크하려는 꼼꼼함이 느껴진다. 당사자에게 억울한 마음을 조금이라도 덜 들도록 하려는 일이 될 것이다.

판결이 내려지다

1586년 4월 19일, 드디어 판결이 내려졌다. 현재의 판결문은 크게 주문과 판결이유로 이루어진다. 주문에서는 "피고는 원고에게 돈 50,000,000원을 지급하라."는 식으로 재판의 결론이 나타난다. 선고기일에 재판장이 낭독하는 것은 원칙적으로 이 주문만이다. 이어지는 판결이유 부분은 읽지 않는다. 판결이유에서는 판결이 내려지게 된 논리적 경위를 밝히는데, 당사자는 판결서를 송달 받아서 보게 된다. 예외적으로 판결이유를 적지 않아도 되는 소액 사건에서는 법관이 당사자에게 판결이유를 간략히 설명한다. 앞서 살폈듯이 결송입안에는 소송의 경과가 그대로 담겨 있고 끝자락에 판결문이 붙는다. 다만 거기서는 판결이유가 먼저 나오고 마지막에 지금의 주문에 해당하는 부분이 붙는다.

나주목사는 우선 당사자들의 진술을 종합해볼 때 다물사리의 말이 앞뒤가 맞지 않는 점을 지적하였다. 갑신년(1584) 7월 25일에 다물사리가 영암군에 공노비임을 자수하는 소지에서 "아버지는 영노營奴인 종산, 할아버지는 이름을 모르며, 어머니는 영암의 군안郡案에 성균관비로 붙어 있는 길덕이고, 외할머니는 관비 부이夫伊이온데, 모두 죽었습니다."라고 하였다. 다물사리의 말대로 길덕이 그의 어미라 치자. 그런데 길덕의 사조四祖를 보면 그 아버지가 종산이라 되어 있다. 그렇다면 종산은 다물사리의 할아버지가 되는데, 그녀는 아버지를 종산이라 하고 할아버지 이름을 모른다고

大 法 院

判 決

사 건   2019다54321 손해배상(기)등
원고, 피상고인   이지도(121212-1234567)
            전라남도 나주시 나주동 456-78
            소송대리인 변호사 김승소
피고, 상고인   공해방지주식회사
            광주시 광주구 광주동 567-89
            대표이사 최근일
원 심 판 결   광주고등법원 2019. 7. 2. 선고 2018나65432 판결
판 결 선 고   2020. 4. 16

主 文

상고를 기각한다.
상고비용은 피고가 부담한다.

理 由

1. 피고 공해방지주식회사에 관한 상고이유를 판단한다.

하였으니, 아무리 무식한 종년이라도 할아버지의 이름을 모를 리 있겠는가. 전혀 말이 안 된다. 간사한 흉계를 부리는 것이 뚜렷하다.

다음으로 호적 자료의 대조 결과를 내세운다. 피고는 다물사리가 관비가 틀림없다는 다짐들을 상고하라고 하나, 이는 관청의 인증이 없는 것들이다. 때마다 편성된 호적들에는 줄곧 다물사리의 "아버지는 일수日수인 이순, 어머니는 양녀인 정조이"라고 되어 있다. 이지도의 종인 윤필의 호적에는 정유년(1537)부터 "노奴 윤필: 41세 정사년생 / 아내 양녀 이조이: 31세 정묘년생, 아버지는 이순, 어머니는 양녀 종대"라 되어 있다. 영암군의 천안에는 다물사리의 어미라는 길덕만 있을 뿐 다물사리는 보이지 않는

5장 재판과 사회 173

다. 그뿐만 아니라 길덕의 무인년(1518) 공안에도 그의 자식들은 나오지 않는다.

다물사리의 투탁을 기록한 서목書目에만 그녀가 길덕의 딸로 되어 있다. 하지만 갑신년(1584) 그가 자수할 때의 진술을 보면 어머니는 다섯 살 때 죽었다고 했는데, 길덕은 병신년(1536)에 죽었다. 다물사리는 정묘년(1507) 생이니 말이 되지 않는다. 따라서 길덕과 다물사리가 모녀지간일 리가 없다. 피고는 윤필의 호적에 자신을 양인으로 암록暗綠한 것이라 하지만, 그것은 그녀의 말일 뿐 아무런 근거도 제시하지 않았다.

현행 민사소송에서는 증거조사의 결과 외에도 소송에서 당사자의 태도, 증거방법의 제출 시기 등으로 나타나는 일체의 상황도 사실인정의 한 자료로 삼을 수 있다. 이를 '변론 전체의 취지'라 한다. 이와 관련해서도 다물사리는 나쁜 인상을 남겼다. 늙고 병들었다는 핑계로 자신의 진술에 대하여 다짐을 거부하였고, 모순되는 변론에 대하여 질문하면 입을 닫고 아무 대답도 하지 않았다. 그의 자식들은 모두 도망하여 증거조사와 판결을 기약 없게 만들었을 뿐 아니라 공동소송도 이루어지지 못했다. 영암군의 조사도 또한 다물사리가 길덕의 딸일 리 없다는 것이었다.

이상의 이유에 따라, 주인을 배반하려는 꾀를 내려고 다물사리가 짐짓 성균관비로 투탁한 것이라고 결론지었다. 이는 형사상의 범죄도 구성하는 것이므로 태형이나 곤장과 같은 형벌을 부과해야 하지만, 다물사리의 나이가 일흔이 넘었기 때문에 법률상 집행하지 못하였다. 그리하여 민사 판결로써 딸 인이와 그의 소생들을 이지도의 어머니 서씨 부인에게 지급하라고 결정하였다. 그리고 이러한 사연을 성균관에 통보하고, 판결과 함께 사건을 감영으로 돌려보냈다. 이로써 1586년 3월 13일부터 나주 관아에서 이지도와 다물사리 사이에 벌어진 소송은 한 달 남짓 끌어 4월 19일에 마무리되었다.

사건의 전모

이지도 판결문서를 토대로 다시 이 사건이 소송에 이르게 된 전말을 정리해보자. 직접적인 발단은 1584년 7월 25일 다물사리가 영암군에 가서 자신이 거기에 속한 성균관비 길덕의 소생이라고 자수하는 데서 비롯한다. 관가의 아전은 이미 알고 있었다는 듯이 그것을 확인한 뒤 관련 서목 書目을 올렸다. 서목이란 지방관아에서 아랫사람이 상관에게 올리는 문서의 한 양식으로, 원문서와 함께 올리면서 설명을 붙이는 기능을 한다. 이로써 다물사리는 영암군에서 관리하는 성균관 노비가 된 것이다. 그런데 사실은 그가 길덕의 딸이 아닌데도 그렇게 가장하여 투탁한 것이다.

다물사리의 아버지는 나주에서 일수日守 구실을 했던 이순이다. 일수는 지방관아나 역驛에서 잡일을 하던 무반 아전으로, 소속에 따라 관일수官日守와 역일수驛日守가 있다. 일수양반日守兩班이라고도 불렀다. 《경국대전》에 따르면, 부府에는 44인, 대도호부大都護府와 목牧에는 40인, 도호부에는 36인, 군郡에는 32인, 현縣에는 28인의 일수가 배치된다. 규정대로라면 나주목에는 40인의 일수가 있겠다. 그의 일은 사실상 관청의 온갖 잡일을 다 하는 셈이어서 매우 힘들었고, 갈수록 고되어져서 조선 후기에는 칠반천역 七班賤役에 들어갈 정도였다. 하지만 그 신분은 양인이었다. 따라서 이순의 딸 다물사리는 양인이다.

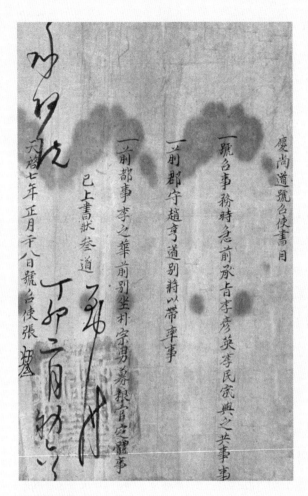

장현광의 서목(1627)

정묘호란 때 경상도 호소사號召使(왕명으로 근왕병을 불러 모으는 직책)로 임명된 장현광張顯光이 승정원에 올린 서목.

1. 호소의 사무는 시급하므로 전前 승지 이언영, 이민성이 함께하도록 해주실 것.

1. 전 군수 조형도를 별장別將으로 데려가게 해주실 것.

1. 전 도사都事 이지화, 전 별좌別坐 박종남을 모량관募糧官(군량미를 모으는 직책)으로 임명해 주실 것.

176 나는 노비로소이다

양인인 다물사리는 노비 윤필과 결혼하였다. 앞에서도 들었듯이 양인과 천민의 혼인은 금지하는 바였지만, 실제로는 적지 않은 일이었다. 향리의 지위가 높지 않던 조선 전기에 하급 아전으로서 관청에 매여 천역賤役에 가까운 구실을 지는 이순과 같은 경우는 노비의 처지와 별반 차이 없어 보이기도 한다. 경제활동은 신분에 관계없이 인정되었기에 부유한 노비도 많았다. 윤필은 첩까지 거느렸다는 것으로 볼 때 살림이 넉넉한 편이었을 것이다. 이런 상황에서는 양인과 노비가 맺어지지 못할 것도 없다. 그렇다고 해서 양인인 다물사리의 신분이 변하지는 않는다. 하지만 그 자손들은 윤필의 상전에게 귀속되는 종이 된다. 윤필은 이유겸의 노비인 주산의 아들이다.

다물사리는 윤필과의 사이에 인이라는 딸이 있었다. 인이는 영암군에 사는 사노인 구지와 결혼하였다. 둘 사이에서 모두 6남매가 태어났는데, 종모 원칙에 따라 이들도 또한 인이의 상전에게 돌아간다. 그리하여 이유겸의 집안에서는 인이의 자식들이 자라자 그들에 대한 신공을 받아갔다. 집에 데려다가 부리기도 했던 모양인데, 말을 잘 듣지 않은 것 같다. 처음부터 사환노비였으면 모를까, 외거노비로 지내다가 주인집에 들어가 앙역하려면 쉬이 적응되지 않으리라는 것은 짐작하기 어렵지 않다. 어쩌면 미치도록 싫기도 할 것이다. 실제로 앙역 문제로 다투다가 살인 사건으로 비화된 사례도 전해진다.

이지도도 이들이 앙역하기 싫어서 벌인 일이라 하였다. 도망치는 일도 더러 있었던 모양이다. 일하기 싫어하는 종들은 당연히 매도 맞는다. 아버지 구지의 마음이 좋을 리 없다. 구지도 옥천沃川 사는 사람의 종이지만, 부유하여 못하는 게 없다고 할 정도였다. 하지만 신분은 타고나는 것이라

어쩔 수 없을 터이다. 아비는 그것을 바꿔보려고 하였다. 양인으로야 만들기 어렵겠지만, 어찌어찌하면 양역의 부담이 없는 공노비로는 해볼 수 있을 것 같았다. 당시에 노비로 투탁하는 관행은 드물지 않았던 것이다.

구지의 작전

노비의 투탁은 여러 형태로 이루어질 수 있다. 양인이 투탁하여 노비가 되기도 하고, 노비가 다른 주인에게로 귀속하려 하기도 한다. 종들이 고르는 상전은 사가私家이기도 하고 공가公家이기도 하여 일정한 것은 아니나, 주로 관청이 이용되었다. 투탁이 주로 이루어져서 자주 문제되는 기관은 내수사內需司이다. 왕실의 재정을 관리하는 관서로서 공적인 관리를 위해 정식 편제된 국가기구였지만, 사실상 왕가의 사금고 역할을 하였다. 초기에는 본궁本宮이라 불렀을 정도이다. 국왕을 등에 업은 탓에 쉽게 재산의 확대를 꾀할 수 있었고, 그 과정에서 불법적으로 백성들의 토지와 노비를 침탈하는 등의 폐해가 많았다. 이의 주요한 수단이 투탁이었다.[1] 내수사로 투탁한 노비에 대해서는 회복이 쉽지 않았다. 왕실 금고의 위세에 송관들도 제대로 판결해주지 못했던 것이다.

조선왕조실록에서도 지적되는 노비의 투탁 방식은 요즈음의 소송 사기와 별반 다르지 않다. 우선 본주인을 배반하려는 노비와 이미 협의가 되어 있는 새 상전네서는 그 종을 상대로 하여 자신의 도망노비라고 소를 제기한다. 적은 이에 맞서는 척하다가 적당히 자백한다. 그리하여 원고는 승소 판결을 얻게 되고 그 노비를 부리게 된다. 미리 호적에 암록 등의 조처를 해놓으면 더욱 완벽하겠다. 본주인이 나중에 이를 알게 되겠지만, 다시 찾아오는 것은 그야말로 지난하다. 더구나 상대방이 권문세가이거나 하면 엄두도 못낸다.

구지가 쓴 수단도 결국 마찬가지이다. 공노비로 투탁하는 것이기 때문에 형식적인 차이만 있을 뿐이다. 먼저 재력과 친분을 이용하여 영암군의 노비빗리와 협의하였다. 그 결과 일가친척 없이 죽은 성균관비 길덕의 소생으로 맞추면 적당하겠다고 얘기가 된 듯하다. 그리하여 영암군에서는 다물사리에 대하여 성균관비 길덕의 소생인데 누락되었으니 천안에 다시 넣어야겠다고 추궁하였다. 이에 다물사리는 1584년 7월 25일 스스로 관가에 출석하여, 어려서 부모가 죽어 이리저리 떠돌다가 그리되었다고 자백하였다. 이때부터 다물사리와 그의 딸, 손자, 손녀들은 영암군의 천안에 이름을 올리고 성균관에 신공을 바쳤다. 물론 이지도의 집에는 더 이상 앙역도 신공도 들이지 않았다.

말도 안 듣고 신공도 끊기자 이지도는 사람들을 시켜 받으러 보냈다. 하지만 번번이 구지는 터무니없는 소리 하지 말라며 문전박대할 뿐 아니라, 작대기를 휘두르며 다시는 오지 말라고 위협하기까지 했다. 자기의 처자식들은 성균관 소속인데 어딜 와서 허튼 수작이냐고. 이지도가 알아보니 다물사리가 영암군에 성균관비로 올라 있는 것이었다. 관아에 가서 그녀는 자기 집안 노비의 아내라고 따지기도 했으리라. 하지만 영암군으로부터 다물사리는 성균관비 길덕의 소생으로 어려서 행방불명이 된 탓에 추심하지 못하다가 이제야 확인이 되어 관비로 올리게 된 것이라는 대답만 들었을 것이다. 이제 이지도는 소를 제기하여 시비를 가릴 수밖에 없게 되었다.

이지도의 사정

　처음에 소장은 이지도의 어머니인 서씨가 냈다. 아버지 이유겸은 충의위忠義衛라고 되어 있다. 충의위는 공신의 자손들이 소속되는 특수 병과이다. 이는 형식적으로 중앙군인 오위五衛 가운데 충좌위忠佐衛에 편제된 근위병이지만, 실제로는 관료 진출상 특권을 베풀어주기 위해 마련한 병종이다. 곧, 일정 기간 복무한 다음 다른 관직으로 진출하는 것이 주목적이었으며, 아무런 관문 없이 입속되기 때문에 무예 실력은 그리 뛰어나지 못해 실제로 임금을 호위하는 기능을 다하지 못하는 것이 일반적이었다. 충의위를 거쳐 정3품까지 오를 수 있었고, 문과 합격보다 출세가 빠르다고 할 정도였지만, 관직이 부족해진 성종 이후부터는 수문장이나 능참봉으로 많이 나아갔다.

　이유겸이 충의위라면 공신의 자손으로 그렇게 만만히 볼 집안은 아니다. 그런데 구지는 무엇을 믿고 수작을 부리는 것일까. 그리고 이유겸은 어디 가고 그 아내와 아들이 소송을 수행하고 있는 것인가. 국왕을 시위侍衛하러 서울로 번番을 서러 갔을까. 죽은 것은 아니다. 그가 사망하였다면 문서에 이름이 나올 때 '고故'라는 표시가 붙을 터인데, 그렇지 않다. 죽은 이에 대해서는 신분과 관계없이 '고' 자를 표시한다. 그리하여 '고 관비 길덕故館婢吉德', '고 호노 윤필故戶奴允必' 등으로 표기되며, 다물사리가 자신의 아버지를 지칭할 때는 '고부故父'라고 한다. 하지만 이지도가 아버지를 지칭할 때는 그냥 '부父'라고만 한다. 따라서 그때 이유겸은 살아 있었다.

　앞에서 이지도는 소송을 시작할 때 "저희 아버지는 십 몇 년 전에 무고한 일로 화를 입어 도망다니는 중인 데다가, 저는 나이 어린 유생이며 어머니도 미약한 부녀입니다. 다물사리와 구지는 이런 기회를 틈타 주인을 배반시키는 꾀를 내었으니 더욱 통분합니다."라고 말한다. 원문에는 '십 몇 년'이 아니라 '몇 십 년(數十年)'이라 되어 있는데 아마도 오기라 여겨진다. 어쨌든 이유겸은 도망 중이라 법정에 나오지 못했던 것이다. 그가 무슨 일 때문에 몸을 숨기는지에 대하여는 문서에 나오지 않는다. 하지만 놀랍게도 조선왕조실록에 그 실마리가 보인다. 13년 전인 1573년(선조 6) 8월 29일 아침 어전 강의에서 집의執義 신응시가 임금께 다음과 같이 아뢴다.[2]

> 나주의 살인 죄수 이유겸은 도내道內의 사람들이 다 애매하게 여겨서, 곳곳마다 나오는 모든 말이 다 그렇습니다. 신이 아직 수사 기록을 보지는 못하였으나 물정이 이럴진대, 만약 죄 없이 죽는 것이라면 살리기를 좋아하는 정치에 어긋나는 일입니다. 예로부터 죄수를 위하여 살릴 길을 찾는다는 말이 있거니와, 이제 다시 잘 조사해보면 살릴 길이 있을 것입니다.

신응시는 앞에서 나왔던 명판결의 주인공인 그 사람이다. 임금도 "그렇겠구나. 애매한 일이 없는지 다시 살펴서 하는 게 좋겠다." 하고 결정한다. 여기서 드는 나주의 이유겸이 이지도의 아버지인 그 사람이라면, 소송이 있던 때에 이유겸은 살인 혐의를 받고 숨어 지내는 중이라 짐작할 수 있다. 그때까지 혐의가 풀리지 않은 모양이다. 그렇다면 이지도 측으로서는 무척 좋지 않은 상황이며, 과거에 견주면 몰락하였다고도 할 만하다. 구지의 생각에 이쯤 되면 해볼 만하다고 생각했는지도 모른다. 어쨌든 이지도 측은 형사피의자의 집안이 된 것이다. 하지만 그런 사정이 법률상 민사소송을 제기할 수 있는 권리에는 아무런 지장을 주지 않는다.

반전

제소는 피고가 사는 곳의 관청에다 해야 한다. 따라서 영암군에 소를 제기하였다. 시기는 분명하지 않다. 아마도 1584년 말이나 그 이듬해 초쯤될 것이다. 소장은 이지도의 어머니 서씨의 명의로 해서 제출하였다. 영암 관아가 관리하는 노비를 찾겠다는 소송을 영암군에서 하게 되었으니 암담하였으리라. 하지만 법이 그러하니 어쩔 수 없다. 그리하여 서씨는 전라 감사에게 이송 신청을 하였다. 전주의 감영까지 찾아갔을 수도 있겠고, 관찰사가 고을을 순행하던 때에 소지를 올렸을지도 모른다. 어쨌든 이 신청은 받아들여졌다. 다물사리의 신분을 다투는 것이지만 그것이 영암군의 공노비인지 아닌지 하는 것인 만큼, 사실상 피고가 법원이 되어버리는 상황이었기 때문이다.

이송할 법원은 나주목으로 정해졌다. 원고와 피고가 모두 나주와 관련 있으므로 소송의 편의상 그리하였을 수도 있겠다. 그러나 이제까지 본 학봉의 신속하고 꼼꼼한 소송 처결을 고려하면, 공정성을 믿을 만한 곳이기 때문에 나주로 이송 결정을 내렸다고 볼 수도 있다. 이 소송이 있던 즈음에 세상을 뜬 이제신李濟臣(1536~1583)의 1571년 울산군수 시절에도 "그의 강명함이 도내道內에 알려져 크고 작은 소송이 몰려들었지만, 재판이 지체되지 않았다."고 묘비명에서 전한다.[3] 나주목은 영암군보다 급이 높은 고을이다. 사건을 이송 받은 나주목사는 영암군에 이제까지의 소송기록과 관련 자료와 함께 당사자들을 보내라는 관關을 보냈다. 이미 말했듯이 동급이나 하급의 기관에 보내는 공문을 관이라 하고, 상급 관청에 보내는 문서를 첩정牒呈이라 한다.

영암군에서의 소송은 원활하지 않았던 것으로 보인다. 군이 데리고 있는 공노비를 내어놓을 생각도 없는 데다, 정황으로 볼 때 아전들도 다물사리의 사위인 구지에 대하여 호의적이었다. 더구나 구지와 다물사리는 법정에 나타나지도 않았다. 이미 이야기하였듯이 피고를 데려오는 것은 원칙적으로 원고의 구실이다. 하지만 평상시에도 구지는 작대기를 휘두르며 맞서는 판이니, 법정에 가자는 요청에 응할 리 없다. 이런 상황에 이송 결정은 이지도에게 여간 반가운 것이 아니었을 것이다. 영암군으로서는 나주가 상급 고을인 데다 목사인 김성일도 조정의 고관 출신이며 만만한 사람은 더더욱 아니다. 그래서인지 소식을 들은 피고들은 도주해버렸다. 영암의 관속들은 공모의 혐의까지 받고 있는 터에 안일하게 처리할 수 없었을 것이다. 끝내 구지는 체포하지 못했지만, 눈에 띈 다물사리는 잡아서 나주로 보내게 되었다.

그리하여 이 소송은 나주에서 마무리짓게 된 것이다. 보았듯이 원고의 승소로 결말이 났다. 마침내 귀여운 손주들을 타인의 예속으로부터 벗어나도록 해보려 했던 다물사리의 애달픈 시도는 실패로 막을 내렸다. 그리고 남이 어려운 사정에 빠진 것을 틈타서 핍박하고 재산을 탈취하려는 악행으로부터 이지도 집안은 구제되었다.

분쟁과 재판

구체적인 분쟁의 성격을 좀 더 정확히 파악하기 위해서는 당시의 사회상에 대한 이해가 있어야 한다. 반대로 재판을 통해서 그 사회의 제도와 갈등을 이해할 수도 있다. 이제까지 살펴본 이지도와 다물사리 사이의 소송은 조선 노비법제의 운영 상황을 실감할 수 있게 한다. 원고는 자신의 노비들이 꾀를 내어 주인을 배반하려 한다고(叛主設計) 주장한다. 반면에 척의 항변은 양인을 사노비로 만들려 한다는 압량위천壓良爲賤과 유사하다. 다만 공천을 사천으로 만들려 한다고 내세우는 점에서는 차이가 있고, 그런 까닭에 자신이 백성이 아니라 오히려 노비라고 고집하는 색다른 모습으로 나타난다. 그러면서 상대방이 호적에 허위 기재하는 암록의 수법을 쓰고 있다고 주장하였다. 이에 대해 이지도는 다물사리가 투탁의 방법을 이용하였다고 진술한다.

소송자료에서는 개념적으로 알고 있던 반주설계叛主設計와 압량위천壓良爲賤이 서로의 대립으로 실감나게 나타나며, 저마다의 주장 근거로서 암록과 투탁을 다투고 있어, 그것들이 실제로 어떻게 작용하는지 구체적으로 알 수 있다. 또한 양반집의 가세가 기우는 것을 틈타 그 집의 재산을 앗아보려는 시도가 있고, 그것을 소송으로써 구제받으려 하는 모습이 보인다. 그러면서도 노비의 질곡에서 벗어나기 위한 몸부림도 느낄 수 있어 애처롭다. 그를 위한 방법으로 투탁 이외에 경제력을 이용하고 실력 행사를 하는 사회상을 찾아볼 수 있다. 또 양천교혼良賤交婚을 법으로 엄격히 금지하지만, 오히려 그것이 조장될 수밖에 없는 상황도 짐작할 수 있다. 이처럼 재판의 분석은 법제도의 운영을 한층 생동감 있게 알 수 있게 할 뿐 아니라 역동적으로 나타나는 당시 사회의 얼개를 볼 수 있게 한다.

아무리 평온해 보이는 사회라 하더라도 그 안을 들여다보면 분쟁은 있기 마련이다. 인간의 본성 안에 반목을 일으키려는 마음이 있다는 이야기를 하려는 것이 아니라, 어느 공동체라도 그 토대는 변화를 할 수밖에 없으며, 그것은 어떠한 모습으로든 분쟁을 일으키게 된다는 것이다. 그리고 온건한 방법으로든 극렬한 형태로든, 그 해결을 통하여 규범도 형성되어가는 것이다. 재판은 사회의 불화가 공동체의 파괴로 이어지지 않도록 하는 장치로서의 의미도 지닌다. 이런 모습의 관찰에 흥미를 가졌던 인류학자들은 여러 곳에서 재미있는 보고를 한 바 있다. 그 가운데에는 이런 사례도 있다.[4]

아메리카 인디언인 샤이안족에서는 땅과 제사 용구를 뺀 물질적 재화에 대해서는 사유재산이 인정되었다. 그런데 그 사유제는 남들도 자유롭게 사용할 수 있는 매우 관대한 형태였다. 심지어 빌려간다는 말도 없이 가져다 쓰는 일도 있었다. 사람들은 자신도 필요할 때 이웃의 물건을 이용할 수 있었기 때문인지 별 문제없이 지냈다. 그러다가 새로운 전기를 맞았다. 말(馬)이 도입되었고 그 효용은 날로 커져간 것이다. 이 때문에 말도 없이 말을 가져가버리게 되면 말주인은 여간 낭패가 아니었다. 결국 분쟁이 생겼다. 말이 없어진 '늑대가눕다'가 상위 연맹체에 제소한 것이다. 거기서는 '늑대가눕다'에게 말을 찾아다주고 손해배상도 받도록 해주었다. 하지만 연맹체는 장래에 되풀이되지 않도록 보장책도 필요하다는 것을 알았다. 그리하여 다음과 같이 선언하였다.

"이제 우리는 새 규칙을 만든다. 이제 더 이상 허락 없이 말을 빌리지

샤이안족의 두 추장 '작은늑대'와 '무딘칼(샛별)'
북부 샤이안족은 무딘칼(Dull Knife)과 작은
늑대(Little Wolf)의 영도 아래 자신들의 보금
자리를 되찾기 위해 끝까지 투쟁하였고, 그
결과 현재까지 자신들의 지역을 유지하고
있다. 드물게 오랫동안 자신의 문화와 언어
를 영위했던 인디언 종족이다.

못한다. 물어보지 않고 남의 물건을 가져가는 이가 있으면, 우리가 가서
찾아다준다. 특히 물건을 내놓지 않으려 하는 이에게는 채찍질을 한다."

어떤 의미에서는 분쟁이 있어야 법이 생기는 것이다. 지금 있는 법은 수
없이 많은 사건에 대한 해결책들이 오랜 역사 동안 쌓여 추상적인 형태로
규범화된 총체이기도 하다. 물론 이들 규범도 시간이 지나면 변화의 길에
들어선다. 다물사리 사건에서 갈등을 일으키는 근본적인 원인은 조선의
노비법제라 할 수 있다. 이에 따른 공동체의 알력이 법정에서 나타나는 것
이다. 이런 분쟁이 이 시기에 자주 일어난다는 것은 노비제의 변혁이 요구
되고 있음을 암시한다. 하지만 조선에서 근본적인 개혁은 참으로 한참 뒤
에야 이루어진다.

노비제 사회

조선에서 특히 15, 16세기의 민사소송은 노비에 관한 것이 주를 이룬다. 그 때문에 노비에 관한 법제가 상세히 발달되어 있고, 소유권과 그 상속에 대한 규정도 노비를 중심으로 구성되고 있다. 노비는 사람이 틀림없으나 매매, 증여 등의 법률행위와 상속의 대상이 됨으로써 물건의 성격도 지니는 이중적인 면이 있다. 이러한 노비의 성격을 어떻게 볼 것인지는 오래전부터 논의되어왔지만, 현재로서도 완전한 해결을 보지 못한 상태이다. 외국 학자들 중에는 조선 사회를 노예제 사회의 범주로 넣는 이들도 있다.[5] 하지만 국내에서는 대체로 솔거노비는 노예로, 공노비와 외거노비는 농노로 보고 있는 듯하다.[6]

노비를 노예로 보는지, 농노로 파악하는지의 문제는 일차적으로는 신분사의 문제이지만, 결국 시대구분론과 맞물려 있다고 할 수 있다. 곧, 노예제사회로 보는지, 중세사회로 이행하였는지를 가르는 한 기준으로서의 의미도 지닐 수 있는 것이다. 외거노비나 납공노비를 농노로 파악하는 입장에서는, 이들이 견고한 가족 구성을 갖추고 있고 독립적인 소경영을 영위하며, 공동체의 성원으로서 대접받는 등 그 양상이 일반적인 노예상과 다르다는 것을 든다. 이렇듯 사회경제사적인 관점에서는 노비에 대하여 그 존재 양태에 따라 성격을 달리한다고 보지만, 조선시대 법제 아래에서는 모든 부류의 노비들이 일괄적으로 규율되고 있었다.

법적 규율의 측면에서 볼 때, 공천과 사천의 구분이 있는 것 말고는 모든 노비는 전혀 구별 없이 취급되었고, 동일한 지위를 누리고 있었다. 일반적으로 노비는 법률상 행위능력에서는 완전한 인격자로 인정되어, 공노비나 사노비 할 것 없이 모두가 재산을 소유하고 거래하고 처분하고 상속할 수 있었다.[7] 심지어 노비가 노비를 소유할 수도 있었다. 소송에서도 당사자능력이나 소송능력이 양반이나 상민과 구별 없이 인정되어 자신의 소송을 수행할 수 있었을 뿐만 아니라, 상전의 소송을 대송代訟하는 등 소송대리권도 있었다. 로마의 노예가 자신의 소송은 물론 타인의 소송조차 수행할 수 없었던 것에 비추어 보면,[8] 노비의 성격을 달리 볼 여지는 충분히 있다.

하지만 노비가 재산권 행사의 대상이 된다는 예속성은 엄존하며, 이것이 갖는 무게는 만만치 않다. 이를 벗어나려는 다양한 노력들은 예와 법의 이름으로 억눌렀다. 보편적으로 노예가 사라져가는 세계사적 추세 속에서 조선의 지배층은 노비제만큼은 까닭 있는 전통 법제라면서 단호히 고수하였다. 이의 개혁은 국왕도 손대지 못했다. 특히 중화의 예를 입에 달고 살면서도 사천을 명나라에서처럼 고공雇工(머슴)제로 전환하는 것만은 철저히 거부했던 선비들의 태도는 자기기만이라고 할 수 있다. 이에 대한 자아비판도 없지 않았으나, 그 목소리가 커진 것은 다물사리가 살던 때의 다음 세기에 이르러서였다. 반계磻溪 유형원柳馨遠(1623~1673)은 유명한 『반계수록磻溪隨錄』에서 다음과 같이 말한다.[9]

> 지금 우리나라에서는 노비를 재산으로 한다. 무릇 사람이란 다 같은 것이다. 어찌 사람이 다른 사람을 재물로 삼을 수 있는가. 옛날에 나라의 부富를 물으면 말(馬)의 수로 대답하였으며, 비록 천자나 제후라도 그저 사람을 다스릴 소임을 행할 뿐이지 사람을 재물로 삼지는 않았다. 지금 이 나라의 습속에서는 사람의 부를 물으면 꼭 노비와 토지로 말한다.

『반계수록』

여기서 법제의 불의와 풍속의 병폐를 볼 수 있다.

　우리나라의 노비법제는 그 이론적 근거가 잘못 되었다는 것을 알기
어렵지 않다. 그러나 일반 사람들은 저마다 눈앞의 사욕에 가려서 고치
기 어렵다고 여긴다. 임금이 하늘을 대신하여 사람을 다스린다고 한다
면, 나라는 제 나라요, 백성은 제 백성이다. 어찌 그 안에다 따로 노비를
만들어내 백성에 해되게 하겠는가. 이것 때문에 이웃과 친족을 침해하
고 보통 사람들에게 독을 뿌리니 그 자체가 나라의 병폐이며, 그 득실은
말할 나위 없이 드러난다. 고치고자 마음먹는다면 본래 어려울 것 없는
일이다.

　실제로 노비가 해방되는 것은 이로부터도 두 세기가 더 흘러야 했다. 19
세기 벽두인 음력 1801년 1월 28일 순조 임금은 노비를 없애라고 하교한
다. 그러면서 윤음綸音도 함께 내렸다. 윤음이란 국왕이 백성을 깨우치기

위한 내용으로서 널리 알리는 것이다. 요사이 『중용中庸』을 읽는다면서 시작한 윤음은 아래과 같이 마친다.[10]

하물며 임금으로서 백성을 대하게 되면 귀천도 없고 내외도 없이 고르게 어린 자식인 것인데, 노奴라고 하고 비婢라고 하면서 구별해서야 어찌 한결같이 동포로 본다는 의리가 되겠는가. 내노비內奴婢 36,974구와 시노비寺奴婢 29,093구를 모두 양민이 되도록 하라. 그에 맞춰 승정원은 노비안奴婢案을 모아다가 돈화문敦化門 밖에서 불태우도록 하며, 신공이 경비經費로 쓰였던 것은 장용영壯勇營에서 대신 지급하도록 법제화한다. 아! 내 어찌 감히 은혜를 베푼다고 말할 수 있겠는가? 특별히 선왕들께서 뜻을 두었다가 미처 마치지 못하신 사업을 다듬어 실현했을 뿐이거늘. 이제부터는 오로지 천년만년 제 터전에서 편안히 살면서 선산을 지키고, 제때 혼인하여 자식을 낳아 날로 늘리며, 농사를 잘 지어 기쁘게 놀면서 노래를 부르라.

참으로 가슴 벅찬 노비해방령이다. 반계의 주장과 같은 것도 반영되어 있다. 하지만 내용에 나타나듯이 이는 당시 현격히 줄어 있던 공천에게만 해당하는 것이다. 사노비까지는 이때 해방되지 못했다. 그들이 법제상 예속에서 풀려나는 것은 다시 한 세기가 지나서였다. 1894년 갑오개혁으로 신분제는 철폐된다. 하지만 사회적으로 완전히 사라지는 데는 또 오랜 세월과 사회 변화가 있어야 했다. 오늘날에는 자기 조상이 노비였다고 기억하는 사람은 없다. 종을 두고 치열하게 다투었던 것도 떠올릴 수 없는 옛일이 되었다. 그 사정은 이제 남아 있는 판결문과 같은 소송문서들을 통해서나 구체적으로 확인할 수 있게 되었다.

소송비용

이지도와 다물사리 송사의 전말도 뜻하지 않게 남겨진 판결문으로 알 수 있다. 의외라는 것은 학봉 집안에서 보존되고 있기 때문이다. 이미 보았듯이 결송입안은 권리를 입증하는 중요한 수단이므로 승소한 가문에서 보관되어 내려오는 것이 일반적이다. 송관의 자손들이 갖고 있는 일은 매우 예외적이다. 결송입안은 언제 어디서 발급한 입안이라는 제목과 함께 이것이 판결의 입안임을 밝히면서 시작하고, 입안을 시행한다는 말로 맺는다. 이 판결문은 모두 앞부분이 닳아 없어져 확인할 수 없지만 끝자락에는 입안을 시행한다는 글월이 붙어 있다. 하지만 김성일은 자신과 전혀 무관한 입안을 발급 받아야 할 까닭이 없다. 아마도 당사자가 찾아가지 않은 것을 학봉이 기념으로 가져온 것이 아닌가 하고 짐작할 뿐이다.

판결의 선고는 그 권리관계에 대한 국가적인 공인인 셈이다. 그러므로 승소자의 입장에서 판결서는 자신의 권원을 증명하는 중요한 근거이다. 따라서 앞으로 있을지 모를 분쟁을 대비하여 판결 내용에 대한 증명, 곧 결송입안을 받아둘 필요가 있다. 결송입안의 양식은 《경국대전》에도 규정되어 있다. 당사자가 결송입안을 신청하게 되면, 머리에 입안임을 밝히는 글귀와 함께 판결서의 모든 내용을 그대로 적고 수령의 사인과 관인까지 똑같이 찍어서 발급해준다. 앞에서 이야기하였듯이 당시의 판결서에는 소송 당사자의 주장, 증거 서류의 내용, 증인의 진술까지 날짜별로 모두 수록된다. 적지 않은 양이라 할 수 있다. 옮겨 적으려면 종이와 먹도 많이 들 뿐 아니라 서생書生의 노고도 크다. 그러므로 입안 발급에 들어가는 종이 정도는 신청자가 낸다. 이를 질지(作紙)라 하는데, 결국 발급 수수료라 할 수 있겠다.

이두로 作(작)을 '질'이라 읽는다고 앞에서 설명한 바 있다. 질은 요즈음 거의 접미사로만 쓰이는 듯한데 삽질, 걸레질처럼 행위나 행동을 뜻하기도 하고, 나아가 훈장질처럼 업무나 일의 의미까지 갖는다. 그리하여 의미상 으로 질지는 입안을 발급하는 일에 소요되는 종이라 할 수 있겠다. 하지만 사실상 발급 요금이기 때문에, 실제 들어간 백지의 양만큼 내는 것이 아니 라 기준이 있었다. 소송 목적의 값에 따라 정해지는데, 기와집은 1칸에 백 지 2권, 초가는 무조건 1권, 논밭은 10부負에 2권, 노비는 1구에 3권이었 다. 상한은 20권이다. 이는 관아의 비용으로 쓰였다. 앞서 나왔던 이제신 은 울산으로 몰려드는 소송을 처리하면서 생긴 질지 수입으로 세금에 충 당하여 백성들이 편안해하였다고 전한다.[11]

비용으로 내는 것이기 때문에 꼭 종이가 아니라 화폐로 납부해도 되었 다. 당시에 저화楮貨라 하여 종이도 어느 정도 화폐의 기능이 있었지만, 가 장 일반적인 교환 수단은 면포였다. 면포는 품질에 따라 삼승포三升布, 사 승포, 오승포 따위로 불렸다. 80올을 1승升으로 하는데, 당연히 3승짜리 목 면木棉보다 4승으로 짠 포목이 고급이다. 법률상 오승포가 표준이었다. 이 런 면포로 납부할 때는 질목(作木)이라 하였다. 동전인 경우에는 질전(作錢) 이 된다. 하지만 조선 전기에 저화나 동전은 잘 유통되지 않았고, 포목이 가장 일반적인 교환 수단이었다. 질지는 이처럼 사무용 지물을 조달하는 데서 비롯한 듯한데, 그와 함께 실질적으로 갖는 수수료의 성격이 일반화된다. 그리하여 결국에는 질지가 일반적인 공공요금, 나아가 부가세의 의미로까지 쓰이게 되었다.

판결의 증명

판결에 대한 증명을 얻는 방법으로 입안만 있는 것이 아니다. 입지立旨라는 형식으로도 가능하다. 당사자가 증명을 요청하는 소지를 제출하면 사실을 확인하고서 그 여백에다 입지를 내어준다는 제김을 쓰고 관인을 찍는다. 대체로 화재나 도난 등으로 문서를 분실하였을 때, 나중에 증명이 곤란해지는 불상사를 예방하기 위하여 관청에 확인을 신청하는 방식이다. 이때 관가에서는 이웃들을 불러 확인을 거쳐 입지를 발급한다. 입지는 소지에다 직접 확인해줄 수도 있고, 따로 내어주기도 한다. 간단한 사건의 결송은 입지로도 확인해주었다.

가장 보편적인 소송법서 『사송유취』의 한 종류인 『청송지남』에는 부록으로 「재상 이오리가 조카 이덕근에게 경계하여 주는 글(李相國梧里戒其甥李德沂書)」이라는 것이 붙어 있다. 이오리는 오리梧里 이원익李元翼(1547~1634)으로 김성일보다 아홉 해 늦게 태어났지만 벼슬길에는 엇비슷한 시기에 나아갔다. 생원·진사시도 같은 해에 급제하였다. 곧, 명종 19년(1564)에 치러진 과거에서 학봉은 진사에, 오리는 생원에 합격한 것이다. 문과급제도 김성일은 1568년(선조 1)이고, 이원익은 다음 해인 1569년이다.

『청송지남』의 위 글은 『오리선생문집梧里先生文集』의 보유편補遺篇에도 실려 있는데, 여기서의 제목은 「조카 이덕근의 소임에 대해 써준다(書贈李

입자(신축년)

노奴 끝닙㐛立은 상전을 대리해서, 노비 의발義發이 주인을 배반할 꾀를 내어(叛主設計) 양역良役을 지는 것처럼 하고 있으니 일벌백계하여 바로잡아 확인해달라는 신청을 하였고, 이에 병마절도사는 그것을 인정해주는 제김을 소지에 직접 내림으로써 입지를 발급하였다.

甥德沂之任)」이다. 현존하는 『청송지남』의 가장 오랜 것이 1661년판인데, 이는 보유편이 실린 『오리선생문집』의 간행년(1691)보다 빠르다. 오리선생의 문집 역시 『청송지남』에서 그 글을 얻었는지도 모르겠다. 내용은 지방관으로 가는 조카에게 맡은 일에 대한 중요성과 자세, 요령에 대하여 설명하는 것이어서, 아마도 1604년(선조 37)에 이덕근이 목천木川현감으로 제수되어 갈 때 써준 것이 아닌가 여겨진다.[12] 송사의 처결에 대해서도 언급되어 있고, 그 때문에 일부 소송법서에도 실리게 된 것이리라. 여기에 결송입안의 발급과 요금에 대하여도 나온다.[13]

> 서로 다투어 소장이 제출된 경우에는 피고를 데려와서 시송다짐을 받고 법례에 따라 한다. 서로 다투지 않는 사안인 경우에는 양 당사자를 신문하고서 소장에 입지를 붙여 승소자에게 제김을 내려줘도 된다. 본인이 법례에 따라 입안을 발급해주길 바라면 들어주어라. 판결을 입지로 내어줄 때에는 질지를 받지 마라. 판결을 관식에 따라 발급할 때는 규정대로 질지를 받아라. 면포로 하건 종이로 하건 본인이 원하는 대로 하게 하고, 정해주지 마라.

소송과 권리 실현

백성들이 관청에 제출하는 신청서를 '소지所志'라 한다. 소장訴狀도 따로 있는 것이 아니라, 재판을 신청하는 소지는 바로 소장이 된다. 일반적인 청원과 분리되는 소장으로서의 소지를 특별히 일컬을 때는 '고장告狀'이라고도 했다. 고장은 소장을 제출한다는, 곧 소를 제기한다는 뜻의 동사로도 쓰인다. 정장呈狀도 제소의 의미이다. 갑오개혁 이후에는 소지를 청원서와 소장으로 분리하기도 했다. 백성의 소지가 제출되었을 때 대하는 태도에 대해서도 「조카 이덕근의 소임에 대해 써준다」에 설명이 있다.[14]

> 백성들이 소지를 제출하면 오는 대로 받아주어라. 백성이 직접 호소하
> 길 원하면 소지에 제김을 써준 뒤 정성껏 자세히 들어주어라.(하루에 잇
> 달아 백성들이 직접 만나서 호소하겠다고 오면 차례차례 들어오도록 하여 들어주
> 며, 들을 때마다 다른 공무는 멈추고서 들어라. 한 사람이 여러 차례 만나서 호소
> 하겠다고 오더라도 두 번 세 번까지 자세히 들어주며, 끝내 들어주지 못할 사람이
> 면 내보내어라.) 백성들이 소지를 제출하면 인상 쓰지 말고 낱낱이 파헤
> 쳐 해결하여, 들어줄 만한 것은 받아주고 안 되는 것은 받아주지 말되
> 지연시켜서는 안 된다.

자상하기 이를 데 없다. 민원을 잘 받아주는 것은 목민관牧民官의 직분인 것이다. 제소도 민원의 한 종류로 분류했던 조선시대에는 소를 제기하기가 요즘보다도 쉬웠다고 볼 수 있다. 조선시대에 소송이 많았던 까닭 가운데 중요한 한 가지로서 소송하기 쉬웠다는 것을 들어야 한다. 그때는 지역의 모든 관아가 곧 법원이었고, 지방관의 가장 중요한 업무가 재판이었다. 수취 체계에 따른 업무는 향리들의 소임을 잘 감독하는 것으로도 가능하지만, 송사만은 누구에게도 맡기지 못하고 수령이 직접 처결하여야 하는 것이다. 하지만 재판은 예나 지금이나 골치 아픈 일이다. 오죽하면 최초로 나온 목민서가 소송법서였을까. 그때나 이제나 판사는 자기가 보기에 하

양응정 묘 광주광역시 광산구 동호동에 아들과 손자의 묘가 함께 있는 양송천묘역이 있다.

찮은 일까지 법정으로 들고 오는 당사자를 미워한다.

성품이 호방하기로 유명했던 송천松川 양응정梁應鼎(1519~1581)이 진주목사로 있을 때, 어떤 사람이 소지를 올렸다. "어린이 아무개가 우리 집에 와서 몰래 버선을 훔쳐갔으니 처결하여주십시오." 하는 내용이었다. 송천이 "그 어린이는 혹시 너의 친척이 아닌가?" 하고 묻자, "사촌동생입니다." 하고 대답하였다. 목사는 곧바로 소송을 진행하였으니, 그들을 소송법에 따라 원고와 피고로 신문한 뒤, 임자에게 승소 판결해서 버선을 돌려주도록 하고 입안을 발급하였다. 그리고 질목으로 면포 1필을 내라고 하였다. 버선 주인이 너무 많다고 하자, 태笞 50대를 치고서 면포를 징수하여 어린이

에게 주었다. 친척지간에 사소한 것을 가지고 제소하는 것이 미워서 그랬다는 것이다.[15]

소송과 법제

송사가 싫은 것은 법관뿐 아니라 당사자도 마찬가지다. 아니, 판사에 견줄 바가 아니다. 질지도 모른다는 불안감을 안고서 허다한 시간과 비용을 지출해야 하는 일을 누가 하고 싶어 하겠는가? 코난 도일의 『바스커빌 가문의 개』에 나오는 프랭클랜드처럼 소송에 취미 붙여 재산을 탕진하면서도 즐거워하는 이는 현실에서 찾아볼 수 없다. 되도록 소송을 피하려 하는 것은 어느 때, 어느 곳이나 공통된 현상인 것이다. '송사는 패가망신의 지름길'이라는 말도 있듯이 소송이 좋지 않다는 인식은 조선에서도 마찬가지였다. 유교적 이상을 표방하는 사회였던 만큼 "소송의 심리는 내가 남들만큼 할 수 있지만, 기어코 소송이 없도록 할 것이다."[16] 하는 공자의 말처럼 이념적으로는 무송無訟을 지향하였다.

소송의 잦은 발생은 정치 이념에도 역행되는 현상일 뿐만 아니라 실제로 국가 운영에 과도한 부담으로 작용하였기 때문에 반드시 없어져야 할 현상으로 여겼다. 그런데 전통 사회의 민사소송에 대한 연구가 깊어지면서, 우리는 소송을 꺼리는 문화적 전통을 갖고 있지 않다는 것이 실증되고 있다. 송사는 좋지 않은 것으로 여겨졌지만, 소송을 해야 하는 상황이라면 법정으로 달려가는 것을 주저하지 않았던 것이다. 사실 조선의 소송법제는 넘쳐나는 소송을 해결해 나가는 과정에서 발전한 산물이다. 조선은 고려 멸망 원인의 하나로 소송의 범람을 지적했을 만큼 건국 초의 만연된 소송에 대하여 위기감을 가졌다. 따라서 그에 대한 해결은 불가결한 과제였다고 할 수 있다. 그리하여 조선은 초기부터 소송을 근절시키려는 정책을 강력하게 추진하였다. 하지만 다소 과격한 인위적 단송斷訟 정책은 실질적인 정의가 유린될 염려가 많다는 논변과 저항에 부딪히게 된다. 그 결과, 처음에 뜻한 바대로 이루어지지는 않았고 타협점들을 모색하게 되었다. 이러한 변화는 조선시대 민사소송의 이론을 한층 더 발전시키는 과정이었다. 결국 조선 전기의 민사소송법제의 형성과 소송이론의 발전은 형식적 확정과 실체적 정의 사이의 팽팽한 긴장 관계 속에서 이루어진 것이다.

소송의 해결 노력은 우선 법제의 발달을 가져왔다. 심리가 거듭될수록 나타나는 새로운 사안들을 해결하기 위하여 수교가 수시로 내려지고, 그것들은 실제 계속되는 판결들을 통하여 실효성이 다시 검증되었다. 이로써 판결 원칙으로서 가치가 있다고 여겨지는 것들은 분류되어 하나의 큰 카테고리에 묶여 종합적인 지침으로 마련되어갔다. 이렇게 실효성을 획득한 지침들은 이후 개정되는 법전에 반영되고 마침내 『경국대전』에 수록되어 항구적인 지침으로 자리 잡게 되었다. 이 규정들은 처음 제정 당시에는 구체적인 사안의 적용을 위한 것이었던 만큼 사건 정황과 인물이 나타나고 이두도 쓰였지만, 법전에 수록되면서 내용이 추상화되고 이두가 사라져 완벽한 한문 문투를 갖추었다. 그리고 판결을 염두에 둔 지침들이어서 실체적인 내용을 담고 있어도 절차법적인 형식으로 보이는 규정들도 많았는데, 그것들도 완전한 실체법적인 모습으로 다듬어졌다. 요컨대 조선의 법전은 당시의 상황을 극복하고 그 성과를 만세의 거울로 삼고자 하는 사회 이성의 노력으로 빚어진 것이라 할 수 있다.

소송의 만연은 자연히 소송법과 소송 기술에 대한 관심을 증가시켰다. 이는 당사자가 되는 일반인뿐만 아니라 판결을 해야 하는 관리들 모두 마찬가지였다. 오히려 후자가 훨씬 소송을 많이 대해야 하므로 심각했다. 하지만 육전 체제로 이루어져 있는 법전들에서는 소송에 관한 법규들이 흩어져 있을 수밖에 없고, 잇달아 이루어진 법전들은 서로 내용이 모순되는 것도 있다고 느껴지기도 하였다. 게다가 수교들은 수시로 내려지고 단행법령이기 때문에 잘 파악하고 있기도 어려웠다. 따라서 소송에 대한 법령들이 모아져, 그것들의 유기적인 관계를 일목요연하게 알 수 있도록 분류·정리되어야 하는 것은, 소송의 만연을 해결하려는 당시의 상황에서 오히려 필연적이라 할 수 있다. 이는 결국 사찬私撰 주석서와 소송법서의 탄생을 가져왔고, 16세기에 들어서는 여러 종류의 소송법서들이 유통하게 되었다.

이때의 법서들로는 앞서 보았듯이 현재 『청송제강聽訟提綱』, 『사송유초詞訟類抄』, 『상피相避』, 『사송유취詞訟類聚』, 『대전사송유취大典詞訟類聚』를 확인할 수 있다. 소송법에 대한 관심과 연구는 소송법서에도 그대로 반영되어, 조선 전기의 막바지에 나온 『사송유취』는 소송의 진행 순서에 가장 부합하고 발달된 소송이론을 체현하여 편집한 실무지침서의 형태를 보여주고 있다. 그리고 그와 비슷한 시기에 편찬된 것으로 보이는 『대전사송유취』는 뛰어난 법이론과 해설을 담고 있어 완벽한 소송이론서의 모습을 드러내고 있다. 조선은 정책적으로 직업적 변호인을 엄금했다. 송사를 조장한다고 보았기 때문이다. 발달된 소송법서의 유통은 법률가의 소송 조력을 쉽게 받기 어려웠던 당사자들이 소송절차에서 서로 법률을 인용하며 그 해석을 다투는 모습까지 나타나게 하였다. 소송을 해결해가는 과정은 소송법규의 발달을 가져왔고, 법률들을 모순 없이 적용하려는 노력은 소송이론을 발전시켰다. 그것은 소송법서가 점점 세련되어가는 모습에서도 가시적으로 나타난다. 조선 전기를 통해 확립된 소송법규와 소송이론은 조선이 멸망할 때까지 기본적인 소송제도의 틀이 되었다.

전통 사회의 소송에 대한 인식에는 몇몇 잘못된 이해도 있다. 그 대표적인 것이, 재판이 법관의 자의로 이루어지고 민사소송과 형사소송을 구분할 수 없으며, 소송을 극력 기피하는 전통을 지녔다는 것이다. 여기에는 그동안의 연구가 미진했던 탓도 있으며, 몇몇 연구들이 그러한 오해와 편견에서 벗어나지 못했던 원인도 있다. 하지만 지금까지 살펴본 바를 보면 체계적이고 독자적인 민사소송의 법규와 이론이 정립되어 있다는 것을 어느 정도 확인할 수 있을 것이다. 그리고 사찬 법서들을 통해 일반인에게도 그에 대한 지식이 퍼져 있었으며, 원본으로 남아 있는 판결문들을 통해 심리가 철저하였고 법 적용이 정교하다는 것도 느낄 수 있겠다. 특히 학봉 김성일의 판결문들은 일반 서민에 대한 것인데도 다른 유력 가문의 판결문에서와 같이 철저하고 합리적인 심리가 이루어지는 것을 살필 수 있다. 이로써 전통 사회에서는 자의적인 재판이 횡행하였을 것이라는 억측과 일반적으로 소송을 거의 하지 않았을 것이라는 인식을 수정할 수 있을 것이다.

억울함을 푸는 것을 이상으로 삼았기에 법정에서 자신이 하고픈 말을 다 뱉어내도록 하였던 전통적 소송제도는 현재 우리 사법제도가 자신의 모습을 되돌아보는 한 거울이 될 수 있을지도 모른다. 당사자들이 변호사의 조력을 쉽게 받지 못하고 법정에서도 자신의 할 말을 다하지 못하고 있지나 않은지,[17] 다른 나라보다 지나치게 높다는 상고율에는 소송을 좋아하는 전통이 작용하는 것인지 아니면 억울함을 풀지 못하게 하는 제도적 요인이 있는 것인지 눈여겨볼 필요가 있을 것이다. 이에 대해 절대적인 제한

이나 강압적인 적용으로 해결하기보다는 국민의 정서를 파악하고 그에 맞춰 해결책을 강구하는 자세를 가질 때도 되지 않았을까 생각된다. 그러한 작업들에서는 조선시대의 소송제도와 그 운영도 하나의 참고 자료가 될 수 있을 것이다.

소송을 꺼리는 문화적 전통?

일반적으로 우리의 문화적 전통은 분쟁을 소송으로 해결하기 싫어하고, 따라서 권리 의식도 미약하다고 생각한다.[18] 사실 1960년대, 1970년대에 이르기까지도 우리나라의 소 제기율은 매우 낮았다. 그 까닭을 전통에서 찾는 경향이 강했다. 함병춘 박사가 1963년과 1964년에 걸쳐 수행한 법의식 설문 조사 중에는 "①다른 사람과 분쟁이 생겼을 때 법으로 해결하자는 말을 들으면 어떤 느낌을 갖는가? ②친척과 토지에 관한 분쟁이 생겼는데 집안에서는 해결책을 찾을 수 없다. 이런 상황에서 외부에 도움을 청할 경우 누구에게 도움을 청하는가? ③버스나 트럭의 운전기사가 불법행위로 중상을 입혔을 경우 어떻게 하는가?" 하는 질문이 있었다. ①의 설문에서 좋다거나(18%) 아무렇지도 않다(14%)는 대답은 32%였으며, ②에서는 32%가, ③에서는 34%가 법으로 해결하겠다는 대답을 하였다.[19]

함병춘은 이를 통하여 한국인들은 아직도 소송하기를 싫어하는 것이 확인되었다고 여겼다.[20] 또 그 원인은 전통적인 소송 의식 때문이라고 파악하였다. 곧, 한국인들은 분쟁에서 한쪽 당사자가 옳고 상대방이 그르다고 흑백으로 지적되는 것을 몹시 싫어해왔다고 하면서, 판결을 내리기 위해 일방이 전적으로 잘못했다고 지적하는 것은 조화(harmony)라는 중요한 가치 평가와 맞지 않아서 훼손된 조화의 신속한 회복을 저해하기 때문에 한 국인들은 소송을 기피한다고 분석한 것이다.[21] 이런 글들은 다수가 영문으로 발표되어[22] 국외에서 한국의 법 문화에 대한 기본적인 인식의 틀이 되었다.

이는 일본의 소송 문화를 분석한 가와시마 다케요시川島武宜의 견해와도 일치한다.[23] 그는 제소율이 낮은 까닭에는 고액의 변호사 수임 비용, 소송 진행에 소요되는 시간 등의 문제도 있지만, 근본적인 원인은 소송에 대한 일본인들의 법의식에 있다고 보았다. 곧, 서구로부터 이식된 재판제도는 흑백을 뚜렷하게 정함으로써 우호적인 협동체적 관계의 기초를 파괴한다는 것이다. 그리하여 평화로운 협동 관계를 유지하고자 하는 문화적 전통 때문에 일본인들은 소송하기를 싫어하고 조정과 화해를 선호한다는 분석을 하였다. 그의 저서가 영문으로 번역되어 해외 학계에 각인된 사정도 비슷하다.

중국의 전통 사회에서도 분쟁이 일어날 경우, 소송을 하기보다는 타협을 하였다고 연구되었다.[24] 이렇게 화해를 통해 해결하려는 것은 유교적인 방식으로 이해되었고, 이는 사회주의 중국에서도 적용되고 있다고 보고되었다.[25] 그리고 이러한 점들은 한국과 일본의 전통 사회에서도 같았다고 여겨져왔다.[26] 그러한 연구 성과들의 축적은, 결국 동아시아의 전통 사회는 소송을 싫어하였고 분쟁의 평화롭고 조화로운 해결을 모색해왔다는 인식을 심어주게 되었다. 그리고 그 사상적 배경을 유교에서 찾고 있다.

하지만 근래에는 이런 동아시아 전통 사회의 소송관訴訟觀에 대한 비판이 제기되었다. 우선 일본이 전통적인 법의식 때문에 소송을 기피한다는 견해에 대하여는, 일본인들이 역사적으로 소송을 좋아하는 민족이었으며,[27] 기피의 전통이란 것은 지배엘리트들에 의해 만들어진 '신화(myth)'라는 실증이 있었다. 일본은 제1차 세계대전 이후 1922년에 가사분쟁을 조정으로 해결하려 시도한 것을 비롯하여, 1924년에는 소작 및 임대차 분쟁을 조정으로 해결하도록 하는 차지차가조정법借地借家調停法의 제정을 보는 등 조정을 강제하는 법제를 이어갔다.[28] 그 결과 1919년에 정점을 이루던 소 제기율은 갈수록 떨어져갔다.

이러한 조치의 실질적인 이유는 경제공황, 사회주의자의 활동 등으로 말미암아 느낀 사회불안을 해소하기 위한 것이었고, 미풍양속과 유교적 전통 등을 앙양한다는 것은 표면적인 이데올로기였을 뿐이라는 것이다. 이러한 문제 제기 이후 일본의 정책이 비공식적인 기구들을 통해 해결하도록 의식적으로 유도하고 있음을 지적하면서, 그에 따른 제도적 억압의 측면을 조명하는 연구도 있었고,[29] 위의 견해를 모두 비판하면서 일본의 소송은 그 결과에 대한 예측 가능성이 높아 굳이 예견되는 일에 대하여 소송하지 않는다는 분석도 제기되었다.[30]

한국에서도 전통 사회의 소송에 대한 연구가 깊어지면서, 소송을 꺼리는 문화적 전통을 갖고 있지 않다는 것이 실증되고 있다. 최근 활발히 연구되는 조선 후기의 소송에 대한 연구를 보면, 결코 소송을 기피하는 전통을 찾아볼 수 없다.[31] 이는 15, 16세기인 조선 전기에도 다르지 않다. 다시 말해, 소송을 좋지 않은 것으로 인식하였던 조선시대였지만, 소송을 해야 하는 상황이라면 법정으로 달려가는 것을 주저하지 않았던 것이다. 조선 후기의 경우 소지와 같은 고문서들, 소송 접수 상황을 기록한 민장치부책民狀置簿冊 등이 많이 남아 있어, 소송이 일반화된 상황을 쉽게 확인할 수 있다. 이 같은 시각은 구한말 한국에서 근무했던 일본인 판사들에게서도 나

타난다.[32]

이렇게 볼 때 전통적인 소송관 때문에 지금도 소송을 기피하고 법에 대하여 적대적인 태도를 보인다고 하는 주장은 근거가 없다고 여겨진다. 따라서 만일 우리가 현재 그러한 모습을 보이고 있다면, 그 원인은 다른 곳에서 찾아보아야 할 것이다. 소송을 꺼리는 전통을 갖고 있다는 의식은 왜 형성되었을까. 생각해볼 수 있는 것은, 관련 연구가 시작된 1960년대의 낮은 소송 건수이다. 하지만 이는 경제 발전이 저조했던 시기라서 소의 제기가 적었다고 파악할 수도 있는 문제이다. 그런데도 함병춘이 문화적 전통에서 그 연유를 찾으려 했던 것은, 아마도 서구식 법치주의로 나아가는 과도기의 우리 사회에 대한 설명이 필요했기 때문이라고 여겨진다. 그는 우리 사회를 근대적 제도 아래서 전통적 인식과 서구적 제도의 상호작용이 진행되고 있는 '혼재 상태(mixed status)'로 보았다.[33]

제소율은 오히려 경제적 요인, 특히 사법 인프라와 관계가 있어 보인다. 우리 경제가 발전하면서 소의 제기도 활발해진다. 하지만 그것이 경제적 성장 속도를 따라가지 못하는 모습이다. 제소 건수의 상승과 비슷한 기울기를 보이는 것은 변호사 수의 증가율이다.[34] 역사적으로 사법제도에 일본이 개입하기 시작하면서 법원의 수는 줄어든다. 1910년에 통감부 사법청 장관이었던 구라토미 유자부로倉富勇三郎[35]가 데라우치 마사다케寺內正毅 통감에게 보고한 사법제도 개요에 따르면, 군수나 부윤이 재판하던 곳이 300개소 이상이었는데, 사법사무를 분리시키고 사법사무 위탁협약을 거쳐 통감부 재판소를 두면서 1909년 11월 1일에 80개소가 개원하였다.[36] 구라토미는 종전보다 4분의 3 이상 줄어들어 소송인의 불편이 없지 않을 것이라는 말을 덧붙인다.

합방 이후 1912년에는 또 20개소의 법원이 줄어든다.[37] 이처럼 일제강점기에 들어서면서 법원과의 물리적인 거리가 상당히 멀어지게 되었다. 이는 사법 인프라의 감소로 볼 수도 있다. 해방 이후에도 사정은 별로 나아지지 않았다. 변호사도 1980년대에 들어서기 전까지는 매년 1,000명이 되지 않는 수로 고정되어 있었다. 이런 상황에서 법률가의 조력을 얻어 소송을 한다는 것은 보통 일이 아니다. 변호사 선임은 특권 계층이나 하는 것이다. 그래서 어떤 외국 학자는 사법절차에 압도된 가난하고 착한 사람들의 권리를 지켜주는 민중의 법률가상이 사법서사(현재의 법무사)에게서 나타난다고까지 하였다.[38] 변호사 없이 법정에 서야 하는 사람들에게 법관 앞에서 자신의 주장을 펼 수 있도록 지도한다는 면을 본 것이다. 사실상 그동안 많은 이들은 소송을 하고 싶어도 할 수 없었던 것이다.

부록

1517년 노비결송입안 — 광산 김씨光山金氏 가문 소장

해석

① 정덕正德 12년(1517) 1월 일 안동부 입안

② 위 입안은 결절決折하는 일이다.

③ 예안 사는 생원 김효로金孝盧의 소지에 이어져 내려진 의송은 다음과 같다.

합집이 맞다면 추분秋分 후에 관官이 재주財主가 되어 평균분급平均分給할 것.

④ 소지의 내용은 다음과 같다. 【소장】

계후모繼後母 황씨黃氏의 수양딸로서 안동 사는 전 참봉 남처곤南處崐의 아내 김씨金氏는 계후부繼後父 김효지金孝之 쪽으로 전해오는 의성義城 살던 죽은 종 홍만洪萬과 양처良妻 사이의 말소생末所生 여종 그믐덕今音德과 그녀의 소생을 합쳐 9구를 합집合執하여 부리고 있어서, 나누어 갖자고 말해도 가지가지로 꾀를 내며 피하니 매우 부당합니다. 그러니 관이 재주가 되어 평균분급해주시도록 처분을 바랍니다.

⑤ 모두 이러한 의송과 소지가 있기 때문에 따져보기(推考) 위하여 정축년(1517) 1월 29일 원고 생원 김효로(62세)와 피고 전 참봉 남처곤(58세)이 다음과 같

이 진술하였다.   【시송다짐】

우리들은 노비를 다투는 일로 오늘 시송始訟합니다. 원고와 피고 가운데 사유 없이 취송就訟하지 않으면, 《경국대전》에 따라 시행하시기 바랍니다.

⑥ 같은 날 김효로의 진술   【원고 주장】

계후모 황씨께서 지난 경자년(1480)에 가옹家翁 쪽으로 전해오는 종 홍만과 양처의 소생 여종 눌삐訥叱非는 전 참봉 남처곤의 아내에게, 그리고 그의 둘째 소생 종 화삼禾三은 저에게 모두 나누어주고서, 문기를 만들고 관청에 입안을 받아(經官) 상속하도록(傳係) 하였습니다. 그 후 셋째 소생 여종 그믐덕은 유루(遺漏)되어 의성에 나가 살았는데 … 유루한 남의 여종의 소생을 남처곤이 합집하여 부리고 있기 때문에 의송을 받아 소를 제기하게 되었습니다. 진위는 전계傳係문기를 제출받아 상고하여 처분해주십시오.

⑦ 같은 날 남처곤의 진술   【피고 주장】

김효로가 소를 제기한 여종 금음덕의 소생 노비를 소유하게 된 원인은 이렇습니다. 김효지의 아내 황씨께서는 자식이 없었기 때문에 제 아내 김씨를 나이 세 살 때부터 품에 안아 오랫동안 길렀습니다. 지난 경자년에 토지와 노비를 상속할 때, 몸소 가옹 쪽으로 전해오는 의성 사는 종 홍만과 양처 사이의 첫째 소생인 여종 눌삐는 제 아내에게, 둘째 소생인 종 화삼은 계후자인 김효로에게 모두 나누어주고서, 문기를 만들고 관청에 입안을 받아 상속하도록 한 뒤, 임인년(1482)에 돌아가셨습니다. 홍만의 셋째 소생인 여종 그믐덕은 누락되었는데, 누락 원인은 잘 아시듯이, 같은 현(義城) 남면南面 하천리下川里에 사는 사노私奴 이손李孫에게 시집가서 소생과 손자대代 소생 등 모두 12구를 낳아 오랫동안 숨어 살아왔기 때문입니다. 정확한 연도는 알 수 없지만 적게 잡아 7, 8년간 추심한 끝에 잡아와 부리고 있습니다. 진위는 전계문기를 제출 받아 상고하여 처분해주십시오.

⑧ 같은 날 원고 김효로와 피고 남처곤의 진술

원고 김효로가 제출한 선덕宣德 4년(1429) 12월 일 재주인 아버지 전 조봉대부朝奉大夫 전의소감典醫少監 김 아무개의 서명과 증인 및 필집이 갖추어진 자식들의 백문白文인 화회문기和會文記에 다음과 같이 적혀 있으니, 상고하여 처분해주십시오.

"자식, 자손들에게 모두 나누어주는 까닭은 내가 늙고 병들어 부모 쪽 노비와 외할머니에게서 얻은 노비들을 나이와 건강상태를 고려해서 나눠 먼저 32구씩으로 평균분급하는 것이다. 지난 무술년(1418)에 너희들에게 저마다 상속분(깃)으로 모두 10구씩으로 해서 나눈다고 하고서 나누어주지 못한 까닭에 위 노비들을 모두 기록하되, 부린 지가 이미 오래되었기 때문에 각 후소생을 득후得後 소생으로 시행하여 나누도록 하였다. 유루 노비들은 만일 생전에 나누어주지 못하더라도 너희 형제자매(同腹)들은 노비의 나이와 건강상태를 분간한 뒤, 제비 뽑아 골고루 나눠 갖는 것으로 했다가, 나중에 나타나면 나누어 가진 뒤의 소생은 저마다의 그 본주가 부리고, 나누어 갖기 전의 소생은 공공으로 돌리는 노비로 하여(公反) 유루 노비를 나누어 가질 때 구수口數가 평등하지 않았던 상속분이 있거든 위 노비를 맏아들이 재주가 되어 채워주도록 한다. 나머지가 있으면, 위의 예에 따라 제비 뽑아 나누어 가진 뒤 소생은 모두 자손에게 상속하여 죽 부리도록 한다.

나중에 엉뚱한 일을 가지고 요행을 바래 다투거든 이 글의 뜻을 가지고 관에 소를 제기하여 바로잡을 것이다. 우리 증조부이신 정경공貞景公 김사원金士元의 유서에 '뒷자손들이 제 한 몸 무자식이라 하여 대의를 돌아보지 않고 정욕에 이끌려 매미가 새끼 기르듯이 양자하여, 골육지친骨肉至親을 길거리 사람 보듯이 하고 조상 대대로 전하는 노비를 하루아침에 가벼이남에게 주거나 잇속과 녹봉을 바래 노비를 권세가에 뇌물로 주는 일이 혹시 있다면, 효순한 자손이 관에 소를 제기하여 그 노비를 찾아오고 (그놈은) 호적에서 영원히 빼버리도록 하라'셨으니, 지키지 않을 수 없어 문서 끝에 함께 써서 후세에 보이고자 한다. 우리 자손 가운데 행여 무자식이 있다면, 마땅히 받아들여 조상이 남긴 뜻을 잃지 않도록 거듭 당부한다. 막내 효지의 깃은 어머니 쪽으로 전해오는 여종 실배室婢의 소생 종 홍만(27세)으로 시행한다." 다른 깃과 다른 노비도 함께 붙어 있는 허여문서이며 상고하여 시행해주십시오.

⑨ 같은 날 김효로와 남처곤의 진술　　　　　　　　　　　　【결송다짐】

우리들이 노비를 다투는 일에 대하여 양쪽의 다짐을 받아 상고하고 법에 따라 시행해주십시오.

⑩ 원고와 피고의 다짐을 모두 받아 살펴본다.　　　　　　　　【판결】

원고 김효로는 "여종 그믐덕을 계후부인 김효지 쪽으로 전해오는 종 홍만과 양처가 낳은 셋째 소생으로 유루하였으며, 김효지의 아내인 황씨의 양딸의 남편인 남처곤이 그 여종의 소생인 노비를 합집하여 부리고 있다"고 하였다. 남처곤도 "종 홍만과 양처가 낳은 첫째, 둘째 소생을 황씨가 제 아내와 김효로에게 각 1구씩 입안을 받아 상속하였고 셋째 소생인 그믐덕은 의성에 나가 숨어 살아 유루된 것을 그 여종의 소생 노비들을 잡아다 부리고 있다."는 바에 대해 별 말이 없다. 그뿐 아니라 선덕 기유년 재주 김 아무개의 서명이 있는 백문의 허여문기에 "막내 효지의 깃은 홍만(27세)으로 시행한다."고 되어 있어서, 여종 그믐덕은 홍만의 셋째 소생으로 경자년에 상속문서를 만들 때 유루하였는데, 남처곤이 혼자서 부리고 있음이 뚜렷하다.

따라서 여종 그믐덕의 소생 노비는 원고와 피고에게 제비 뽑아 나누어주며, 노비의 이름과 나이와 상속분을 입안하고 뒤쪽에 기록하여 집행한다.

⑪ 행안동대도호부사行安東大都護府使 서압署押 행판관行判官

⑫ 후後

　　원고 생원 김효로의 깃

　　　　여종 그믐덕의 둘째 소생인 종 석동石同 25세

　　　　　　석동과 양처 사이의 첫째 소생인 종 석근石斤 2세

　　　　다섯째 소생인 여종 신금申今 7세

　　　　여종 학비鶴非의 첫째 소생인 여종 분이粉伊 12세

　　　　　　셋째 소생인 종 한손漢孫 6세

　　　　　　다섯째 소생인 여종 한비漢非 1세

　　피고 전 참봉 남처곤의 깃

　　　　종 홍만과 양처 사이의 셋째 소생인 여종 그믐덕 49세

　　　　　　그믐덕의 첫째 소생인 여종 학비鶴非 33세

　　　　　　셋째 소생인 여종 돌비乭非 18세

　　　　　　넷째 소생인 종 석손石孫 12세

　　　　　　다섯째 소생인 여종 신덕申德 4세

　　　　여종 학비의 둘째 소생인 종 계손戒孫 7세

　　　　　　넷째 소생인 종 돌언乭彦 3세

　　　　* 2003년 10월 11일 한국고문서학회 월례 연구발표회에서 발표한 강독 자료임.

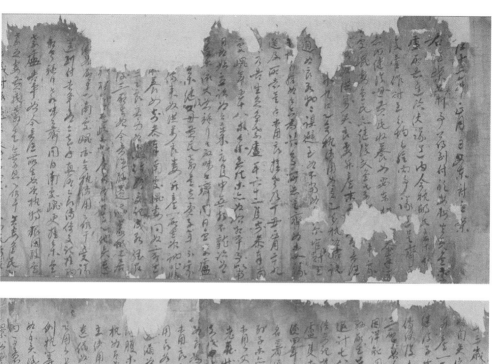

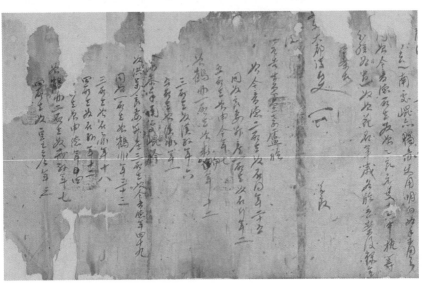

1517년 노비결송입안

탈초 원문

일러두기

색 자 : 정서본과 달리 판독한 부분이나 정서본이 누락한 부분

( ) : 추정하여 넣은 부분

⊂⊃ : 결락된 글자수를 알 수 없는 부분

□□ : 결락된 글자수를 알 수 있는 부분

01 (正)德十二年正月日安東府立案

02 右立案爲決折事節到付禮安接生員金孝

03 盧所志連次決議送內合執的只有等秋分

04 後官作財主平均分給向事議送是齊所

05 志內繼後母黃氏收養女安東接(前)叅奉南

06 處崐妻金氏亦繼後父金孝(之邊傳)來義

07 (城接)奴洪萬矣良妻并産末(所生婢)今音德

08 (所生等)并九口乙合執使用爲去乙分執爲結說

09 道爲良置物物謀避至爲不當爲白(良)厼官作財主

10 平均分給爲白只爲行下向事所志是齊等如議

11 送及所志是乎等用良推考次丁丑正月二十九

12 日元告生員金孝盧年六十二隻前叅奉南

13 處崐年五十八等白等矣徒等亦奴婢相爭事以當

14 日爲始立訟爲白在果元隻中無故不就訟爲

15 白去等依大典施行敎味白齊同日金孝盧

16 (更推)白等繼後母黃氏敎是去庚子年分家

17 (翁邊)傳來奴洪萬良妻并産一所生婢訥叱非

18 (乙良)收養女前叅奉南處崐妻同奴二所生

19 (奴禾)三乙良矣身爲等如許給文記成置經官

20 (傳係)後三所生婢今音德段遺漏義城出居

21 (生隱漏)匚⊃ 歧等如産長爲□去乙他矣遺

22 漏婢所生乙南處崑亦合執使用乙仍于受議

23 送到付告爭爲白去乎眞僞乙良傳係文記推納

24 相考施行教味白齊同日南處崑更推白等金

25 孝盧告爭婢今音德所生奴婢執持根因段金

26 孝之妻黃氏教是無子息乙仍于矣妻金氏乙

27 年三歲時懷抱長養去庚子年分田民傳係

28 時自矣家翁邊傳來義城接奴洪萬矣良妻

29 幷産一所生婢訥叱非乙良矣妻二所生奴禾三乙良

30 繼後子生員金孝盧爲等如許給文記成置經官

31 傳係後去壬寅年分別世教是去乙同奴洪萬

32 三所生婢今音德殷漏落爲有如可同婢亦遺漏根

33 因詳知同縣南面下川里接私奴李孫交嫁所生

34 孫所生幷十二口産長隱接居生爲去乙年號不記

35 退計七八年間推尋捉來使用爲白去乎眞乙良傳

36 係文記推納相考施行教味白齊同日元告金孝

37 盧隻南處崑等更推白等元告金孝盧現納宣

38 德四年十二月日財主父前朝奉大夫典醫少監金

39 名署俱證筆子息和會成置白文許與內子息

40 孫子等亦中都許與成給爲白乎事段身亦老病爲乎

41 等用良父母邊奴婢及外祖母處傳得奴婢等乙用良

42 老壯弱和會先可三十二口式以平均分給內

43 去戊戌年分汝等徒各衿良中奴婢幷十口式以

44 爲良爲稱給分是白遺許與成給不冬爲有如乎

45 等用良右奴婢等乙幷錄爲乎矣使用已久爲乎等

46 用良各後所生乙良得後以施行許與爲去乎在亦

47 遺漏奴婢等乙萬分生前分給不得爲良置汝等徒

48 同腹等奴婢老壯弱分揀並只執籌以平均分

49 執爲有如可後現爲去等分執後所生乙良各其本

50 主使用爲遣分執前所生乙良公反奴婢是遺在

51 遺漏奴婢分執時口數不等分執衿有去等右奴婢

52 乙用良長子作財主充給爲遣有餘爲而叱上項

53 例執籌分執爲後所生幷以子孫傳持鎭長使用

54 爲乎矣後次別爲所乙用良爭望隅有去等此文字

55 內事意乙用良告官辨正爲乎喩乃吾曾祖貞

56 景公金士元遺書內後子孫等以一己之無子不顧

57 大意苟循情慾螟蛉子養以爲子骨肉至

58 親視如路人祖業相傳之奴婢乙一朝輕與他

59 人且慕利祿以奴婢賄賂於權勢之門者如或

60 有之孝順子孫告狀於官奪其奴婢永絶屬籍

61 爲良如敎遺書是乎等用良子孫者不可不遵

62 幷書卷末以示于後凡吾子孫幸有無子者則

63 宜服膺而勿失祖宗之遺訓幸甚幸甚後末子

64 孝之衿母邊傳來婢室倍所生奴洪萬年二十七

65 (是)如施行他衿他奴婢幷付許與是白置有良尒

66 相考施行敎味白齊同日孝盧南處崐等更

67 推白等矣徒相爭奴婢乙良兩邊侤音相考依式

68 施行敎味白齊爲等如元隻侤音是乎等用良相

69 考爲乎矣元告金孝盧亦婢今音德乙繼後

70 父金孝之邊傳來奴洪萬良妻幷産三所生

71 以遺漏爲有去乙同孝之妻黃氏養女夫南

72 處崐亦同婢所生奴婢等乙合執使用是如爲旀

73 南處崐段置同奴洪萬矣良妻幷産一二所生

74 乙良黃氏亦矣妻及金孝盧等亦中各一口式

75 以經官傳係後同奴三所生婢今音德段義城出

76 居生隱漏爲有去乙同婢所生奴婢等乙執捉使用

77 爲臥乎所無辭納侤不喩宣德己酉年財主

78 金名署成置白文許與內末子孝之衿奴洪萬

79 年二十七是如施行爲有如乎樣是如中婢今音德
80 殷洪萬矣三所生以庚子年許與成置時遺漏
81 爲有去乙南處岷亦獨亦使用明白爲乎等用良
82 同婢今音德所生奴婢乙良元隻等亦中執籌
83 分給爲遣奴婢花名年歲各衿立案後錄合
84 行立案者
85 行行安東大都護府使〔押〕 行判官
86 後
87 元告生員金孝盧衿
88 婢今音德二所生奴石同年二十五
89 同奴良妻幷産一所生奴石斤年二
90 五所生婢申今年七
91 婢鶴非一所生婢粉伊年十二
92 三所生奴漢孫年六
93 五所生婢漢非年一
94 隻前叅奉南處岷衿
95 奴洪萬良妻幷産三所生婢今音德年四十九
96 同婢一所生婢鶴非年三十三
97 三所生婢乭非年十八
98 四所生奴石孫年十二
99 五所生婢申德年四
100 婢鶴非二所生奴戒孫年七
101 四所生奴乭彦年三

이지도·다물사리 소송 판결문

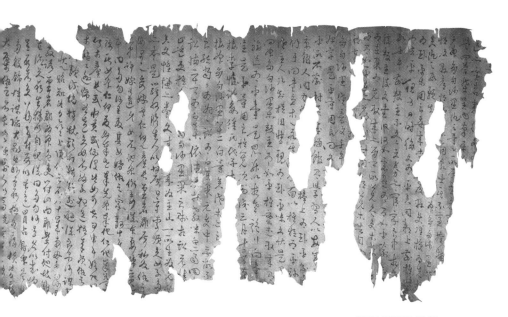

이지도 판결문의 첫부분

탈초 원문

일러두기
( ) : 추정하여 넣은 부분
⊂⊃ : 결락된 글자수를 알 수 없는 부분
□□ : 결락된 글자수를 알 수 있는 부분

01 送亦靈岩郡⊂⊃

02 縣監回答牒呈內南平⊂⊃

03 戶婢多勿沙里仇之等乙所居靈岩郡⊂⊃

04 將及縣都□□□乙用良出其不意掩捕⊂⊃

05 矣仇之段豫知⊂⊃婢多勿沙里斈 ⊂⊃

06 爲臥乎等用良委來□□及縣吏准換爲先相考⊂⊃

07 爲去乎□現身日時移文爲乎矣同郡上前推□□

08 段壬午前叛主不冬文券亦官家良中相考⊂⊃

09 據叛主後文書段何如處置爲有如乎喩⊂⊃

10 爲在果爲先取來亦留鄉所公兄色吏等⊂⊃

11 爲有如乎在亦荷□□不得公兄等告目⊂⊃

12 初七日⊂⊃

13 多勿沙里侤音及壬午⊂⊃

14 婢字是乎等用良同文⊂⊃

15 乎所不喩村□成均館有學習人以每年⊂⊃

16 京館人同力⊂⊃捧上爲臥乎例⊂⊃

17 仍于同書員等乙各其□□面以推捉爲乎於 ⊂⊃

18 徒主人次知捉囚督現爲臥乎味文狀是⊂⊃

19 同婢多勿沙里等叛主爲如乎推案等乙取來有⊂⊃

20 輸送爲乎事是昆幷以相考施行向事

21 呈是乎等用良推閱次丙戌三月十三日南平

22 接李惟謙妻徐氏代子(李止道) ⊂⊃(靈岩)

23 接婢多勿沙里八十二白等矣徒等亦良 ⊂⊃

24 良能當□爲始□訟爲白在果元隻中無故不就

25 訟滿二十一日爲白去等依法決折教味白齊同日李

26 止道更推白等□□多勿沙里果良賤相訟元情⊂⊃

27 矣父惟謙亦養父邊傳來奴主山一所生奴允必

28 亦本是羅州胎生人以州居日章李順矣女子多勿

29 沙里乙交嫁婢仁伊乙産長靈岩郡居私奴仇之⊂⊃

30 亦中許嫁爲遣允□女亦他婢嫁妾後本妻⊂⊃

31 于同多勿沙里段其女婚仇之家數十年⊂⊃

32 □其女婢仁伊段奴奉世奉先婢奉化仁化奉益奉

33 伊等産長或收貢或仰役爲如可去甲申年始叱⊂⊃

34 等稍稍逃歸爲去乙矣女亦奴子起送捉來次仇之⊂⊃

35 ⊂⊃類成倘持杖亂打艱難逃避後良中沙謀叛⊂⊃

36 (設計)狀乙昭知爲白齊上項仇知亦八十歲妻母多勿沙里

37 敎誘靈岩郡奴婢色吏符同同案付他故館婢

38 吉德矣所生樣以自現後同多勿沙里名以成均館

39 呈所志復行移到付反以本主乙冒占館婢是如

40 多般飾詐謀陷大罪爲臥乎所極爲痛憤爲白齊

41 大槩仇之亦本是强暴人以富饒居生爲旀⊂⊃

42 結官吏所欲必成縱恣無忌乙仍于仇之段置忠淸

43 道沃川居人奴子以成均館投託背其本主⊂⊃

44 成習恣行兇臆爲白如可節段矣父亦退計數十

45 年前無妄之事以被禍奔竄爲旀矣身段置

46 年少儒生以全不更事爲白遣矣母置迷劣婦(女)

47 是去向入多勿沙里仇之等亦乘此機會其矣□

48 女有所又爲背主投託謀陷設計加于痛憤爲

49 白齊同多勿沙里亦實爲館婢是喩良置⊂⊃

50 年後現身爲在如中眞僞推卜爲乎事是去乙況
51 故館婢所生是如稱云爲臥乎所初當身現□
52 收實不得事是沙余良本是羅州胎生人以⊂⊃
53 共知爲去乙靈岩郡所生樣以巧飾假託加于⊂⊃
54 白置州上帳籍內其夫允必內外四祖⊂⊃
55 李順矣內外四祖并以退伊相考施行爲白良⊂⊃
56 招爲白去乎相考依法決辨教味白齊同日隻
57 靈岩接婢多勿沙里更推白等元告李止道
58 矣議送侤音內乙用良根脚并以現告亦推考⊂⊃
59 是臥乎在亦根脚段父從山婢矣身迷劣時⊂⊃
60 沒名不知母段成均館婢吉德母矣母段夫伊⊂⊃
61 矣年少五歲時身故祖及外祖父母段置竝⊂⊃(名)
62 不知故婢矣身年少十三歲時州居允必乙作夫居
63 生爲如乎夫身死年月日段記憶不得爲白在果⊂⊃
64 依居生利爲難靈岩地女婚仇之家隨屬⊂⊃
65 置去甲申年分本郡亦婢矣身乙成均館婢是
66 如賤案成籍孫子奴奉先奴奉益婢奉(化婢仁化)
67 奴奉伊等乙甲申年爲始身貢出定捧上爲白⊂⊃
68 故夫允必亦李惟謙奴子以婢矣身乙良女是如⊂⊃
69 多産子息爲有臥乎矣使喚計料同子孫等乙背主
70 是如爲良置母吉德亦成均館婢子是白去⊂⊃
71 眞僞乙良同郡移文賤案退伊相考教是在如⊂⊃
72 良賤分明現發爲白齊故夫允必乙其上典亦良⊂⊃
73 女交嫁不冬是如多般侵勞乙仍于同允必亦婢矣⊂⊃
74 身乙良女以帳籍現付爲白有齊婢矣身百姓不喩成
75 均館婢子是何的實爲白去乎右良眞僞乙良⊂⊃
76 相考分揀決折教味白齊丙戌三月十四日戶籍(相考)⊂⊃
77 件記內去壬午年六十五年帳內州北莊里日守(李順)⊂⊃
78 年六十一壬午本晉州父達五未祖石只曾祖成⊂⊃
79 分今外祖陳貴生妻鄭召史年四十六丁酉本(羅州)

80 父戶長鄭良祖戶長士從曾祖江伊母羅召史外祖

81 李三中幷産一女多勿沙里年十六丁卯二娚雇工年

82 七丙子去庚子帳四十七年住南化里戶私奴允必年

83 四十四丁巳父同奴主山母良女寶背妻良女李召

84 史年三十四丁卯父學生李順年五十二乙酉父戶長鄭

85 良祖戶長士從曾祖戶長江母羅召史外祖學(生李)

86 三中幷産一女多勿沙里年十丁卯去丁酉帳五十⊂⊃

87 住南化里戶私奴允必年四十一丁巳父同戶奴⊂⊃

88 良女寶盃妻良女李召史年卅一丁卯父學生順⊂⊃

89 母良女從代等各□現付爲有齊丙戌三月十五日

90 隻多勿沙里更推白等帳籍相考件記內去

91 壬午六十五年帳內住北莊里同守李順年

92 六十一壬午本晉州父達吾乙未祖石只曾祖成母分今

93 外祖陳貴生妻鄭召史年四十六丁酉本羅州

94 父戶長鄭良祖戶長士從曾祖江伊母羅召史

95 外祖李三中幷産一女多勿沙里年十六丁卯

96 二娚雇工年七丙子去庚子帳內四十七年住南

97 化里戶私奴允必年四十四丁巳父同奴主山母良女

98 寶背妻良女李召史年卅一丁卯父學生順母良女

99 從代各現付爲有置有等以相考施行敎味白齊

100 丙戌三月二十二日南化里老除儒生曺崇陳年

101 七十七白等南平接李止道使議送以靈岩接

102 婢多勿沙里果良賤推閱敎是在果矣身段

103 李止道故戶奴允必後妻女婚以一家之人□□

104 置良賤與否所不詳知事是昆隱諱除

105 良從實現告亦推考敎是臥乎在亦矣身

106 亦年老人以本妻身故爲去乙獨居不得去

107 辛丑年分李惟謙戶奴允必後妻是在

108 品官崔有源戶婢女子乙作妾居生爲白□□

109 同允必女子作妾其時所聞爲白乎矣妾父允必

110 亦多勿沙里乙良女是如交嫁家內率居爲如
111 可女子仁伊産長同仁伊乙靈岩居寺奴仇之
112 稱名人乙許嫁後同多勿沙里乙情意不合□□
113 置不顧爲去乙其女子仁伊家歸在是如爲旀
114 同仁伊亦女息等多産同子枝等亦同惟謙□
115 仰役是如爲去乙所聞□□是遣同多勿沙里段
116 矣身亦一不相見爲白有如乎節李止道果良
117 賤推閱時良中沙矣家接主人乙仍于相知
118 爲白有置良賤眞僞乙良妻父允必各年帳
119 籍相考敎是在如中分明現著事是白齊
120 多勿沙里等亦館婢投托情由知不得爲
121 白去乎相考施行敎味白齊丙戌三月二十二日
122 南平接李止道使議送內乙用良郡接婢多
123 勿沙里果良賤推閱爲在果上項婢多勿沙
124 里段某年爲始館婢以懸錄爲有臥乎喩元
125 隻一時備細相考監封火迫輪送亦移文爲有
126 如乎靈岩兼任康津縣監牒呈內前矣
127 到付收問內節該南平接忠義衛李惟謙
128 妻徐氏所志連次使議送內奴主同訟事良中
129 奴婢所居官以聽訟似爲未便爲乎等用良
130 羅州以移訟爲去乎前推作文取來明正決折
131 向事議送是齊所志內節該戶婢多勿沙里
132 等亦子息多數産長或收貢或仰役爲如可
133 節沙叛主館奴婢稱云是如所志及議送是
134 乎等用良上項各人等乙前年段置捉送亦四五
135 度至移文爲良置逃亡稱云捉送不冬推
136 決不得爲有如乎同多勿沙里乙逃躱不得爲只爲
137 不意捕捉今去李止道一時使竝定捉送爲乎矣
138 前招作文幷以監封輪送向事間是乎等用良
139 相考爲乎矣多勿沙里段此關字到付節時捉

140 送爲旅於李仇之段出歸是如靈岩郡貢兄等進

141 告內仇之段預知逃躱乙仍于執捉不得隨後

142 執捉起送亦爲有臥乎等用良同人乙良更加

143 捕捉亦本郡以嚴加行下爲旅當初多勿沙里

144 等叛主設計爲如乎推案等乙收良中輸送次

145 以同郡斯速搜覓上官亦論行下爲有如乎節

146 成均館奴婢次知爲臥乎色吏書員崔萬守進

147 告內婢多勿沙里等亦館婢投托他餘文券段

148 本無乙仍于輸送不得爲置當初自現所志侤音

149 粘付一度癸未甲申等年收貢案冊內各人等如

150 干名付處庫無爲良置相考施行次以輸送

151 爲臥乎味進告是乎等用良所志侤音粘

152 付一張及癸未甲申等兩年收貢案冊乙相考

153 次以監封輸送爲去乎相考後還爲監封輸送

154 向事牒呈是齊一時到付靈岩郡兼任康

155 津縣監牒呈內節到付州關內南平接幼學李

156 止道使議送內乙用良郡接婢多勿沙里果良賤

157 推閱爲在果上項婢多勿沙里亦祖母及母等始叱

158 館婢是乎所納招爲有臥乎等用良其矣祖母

159 等名付賤案流音良中四祖是沙餘良多勿沙

160 里段某年爲始館婢以懸錄爲有臥乎喻元

161 隻一時備細相考監封火迫輸送向事關是

162 置有亦相考次以賤案流音等乙取來亦同郡

163 色吏處關字枚擧行下爲有如乎節色吏氷萬

164 丁亦戊午年正案流音現納爲有乎矣隻人

165 無所縣以相考不得同正案流音冊乙監封

166 同郡色吏氷萬丁准換輸送爲臥乎味牒呈

167 是齊丙戌四月初二日婢多勿沙里更推白等靈

168 岩郡賤案內婢吉德年四十八正案付丙午

169 至七十是如爲有乎矣其以下段磨破相考無據

170 父李田龍是如爲有沙餘良婢矣身亦矣甲申
171 年七月二十五日館婢吉德所志以自現從母沒
172 現付爲良結同郡良中侤音爲有乎矣元狀所
173 志內儀母吉德是如爲有沙餘良某條以甲
174 申年及癸未等年賤案內名字不付爲有旀
175 故夫允必後妻女婚曹崇陳招內良中置
176 婢矣身乙允必亦良妻以交嫁家內率居女子
177 仁伊亦子息等多産同惟謙家仰役爲如可
178 館婢投托情由段知不得是如分明納段爲有置
179 飾辭餘良從實現告亦更良推考教是臥
180 乎在亦婢矣父祖母始叱館奴婢以使內如可
181 婢矣身連少時幷只身故爲去乙所無依賴州地
182 入來奴允必乙交嫁後婢矣身乙百姓是如爲白遣
183 帳籍現付爲平事是遣婢矣身段館婢的實
184 爲白去乎相考施行教味侤音中拒逆不着
185 爲有齊丙戌四月初三日李止道呈所志內多勿沙
186 里亦良賤分揀前後招辭及帳籍奴婢案等
187 內違端此等如現著爲有在而亦大槩其矣
188 背叛根因段多勿沙里矣女婢仁伊亦祖父母生
189 時始叱仰役厭憚多般謀避乙仍于在家收貢
190 爲白遣節段其女婢仁花奉伊等乙母亦家內
191 喚爲去乙其矣父母亦幷只仰役拒逆設計
192 或家中之物種種偷竊爲旀或更出入敎誘
193 逃避爲去乙母亦不勝其苦時時捉來論罰
194 爲乎亦中奴夫仇之亦本是强猾人以富饒居
195 生爲旀矣一家自爲故爲凌辱多發不順之言
196 使之聞知爲乎矣父段四十年始叱被禍奔竄
197 失所爲旀母段婦女以懲治無計常憶痛憤
198 次去甲申年分多勿沙里亦其女婚仇之敎
199 誘導良本是羅州日守李順矣女子以靈岩

200 郡案付館婢所生樣以現告乘時背叛情蹟

201 是白在果其矣招內假飾辭緣乙備細條陳

202 爲白齊多勿沙里亦其矣初內年五歲其母

203 身死是如爲良置奴婢案內吉德亦丙申

204 閏正月初五日是如爲有去等多勿沙里亦八十

205 歲人以丙申年良中其年三十歲是去乙

206 吉德身死時良中年五歲之理萬無爲白齊

207 多勿沙里亦甲申年自現侤音內其年七十八是

208 如爲有去等李順帳籍內年歲果相准爲去乙

209 節招內時年八十二以納段爲有去乎前後各

210 異爲白齊多勿沙里亦自現侤音內其父乙

211 營奴從山是如納招爲白遣節招內父從山沒名

212 不知是如爲去等前後各異爲旀從山段

213 吉德矣父是白遣吉德夫段百姓李田龍是白

214 去乙多勿沙里亦實爲吉德所生是在如中

215 祖名從山乙父名以納招爲有去等飾辭情狀

216 現著爲白齊多勿沙里亦招內父祖父不知是如

217 爲有去等必于迷劣常人是喻良置祖父名

218 諱乙不知爲乎所萬無爲白齊多勿沙里亦

219 甲申年告狀時其矣郡以自現所志及侤音

220 分明爲去乙節招內本郡亦成均館婢子是

221 如續案成籍子枝等身沒侤音捧上是如

222 爲有去等本郡以續案內成籍爲乎所理無

223 爲白去乎前後各異是如追呈所志是齊

224 丙戌四月十七日婢多勿沙里更推白等母吉德

225 同生族類有無辭緣推考教是臥乎在亦婢

226 矣身迷劣時父母俱沒乙仍于父母矣同生及族類

227 有居處聞奇不得叱分不喩當時無白去乎後

228 次相考施行教味白齊丙戌四月十九日婢多勿沙里

229 更推白等元告李止道現納全羅道南平接

230 忠義衛李惟謙妻徐氏所志連次成均館

231 卽退立案內狀辭是在如中奴而叛主托付他人

232 其罪不小是去乙更生奸計良中投屬旀不

233 喩其間奸僞果爲痛憤爲旀吉德戊寅

234 年貢案現付爲有乎矣子枝等段專不載錄

235 爲有置推閱分揀事呈始訟官是如施行

236 立旨是齊所志內家翁養父邊久遠傳來

237 故奴允必妻多勿沙里亦羅州日守李順矣

238 女以婢仁伊乙産長靈岩郡私奴仇之交嫁後

239 奴奉世奉玄奉化仁化奉益奉伊等産長

240 或收貢或仰役爲如可節亥婢矣仇之亦

241 極爲富饒奸猾縱恣行乙仍于其矣妻子女仰

242 役厭憚甲申年分其矣妻母八十將近老女

243 多勿沙里乙敎誘郡色吏符同同郡案

244 付館婢吉德矣所生樣以現告後館首

245 奴良中贈賂諱辭誣呈更行移到付脅

246 制本主爲白去等各年帳籍昭然載錄

247 爲有去乙仇之亦愚妾妻母敎誘背叛投他

248 侵害百般爲臥乎所極爲痛憤爲乎矣

249 遠方貧殘之人孤單勢弱乙仍于卞決

250 微治以乎新發文官亦慟於成均館承

251 門不卞決淹延歲月決訟無期旀

252 不喩女矣家翁亦甲年被禍流離

253 失所乙仍于有口無言是去向入叛奴等亦

254 乘此機會恣赫無窮多般侵害

255 加于痛憤爲白齊上項婢夫仇之田土數十

256 結至耕食爲遺交結官吏恣行無忌所

257 欲如成乙仍于其矣身段淸忠道沃川

258 居人奴子以靈岩郡居金逸俊稱名

259 人亦買得爲有去乙仇之亦立隻相訟爲

260 如可自知理屈投入學宮爲乎後甘心其

261 欲其矣妻子女至亦又爲敎誘謀叛爲臥

262 乎所極爲痛憤爲白齊大槪成均館亦本

263 是首善之地是白在如中元惡大憝

264 不得枝跡是白去乙叛奴等亦欺冒入屬謀

265 欲容身爲臥乎所加于痛憤爲白齊其矣投

266 托情狀果虛僞奸術乙一一後錄爲白去乎

267 館上貢案相考敎是旀其矣侤音果女矣

268 帳籍幷以憑考敎是後多勿沙里亦眞徵

269 矣子息是乎喩明辨播發本道良中備細移文

270 以解冤悶爲只爲行下所志後甲申七月卄五日

271 靈岩北一道婢多勿沙里白等矣段館婢

272 吉德所生樣以自現從母投現付爲良置發狀

273 根因是沙餘良婢矣內又根脚及所生某某産

274 長與否幷以推考敎是臥乎在亦根脚段父營奴

275 從山故父矣父不知故母郡案符成均館婢

276 吉德故母矣母館婢夫伊故同父母鄕郡內北

277 一道胎生隨父母長養後乞粮橫行爲如可夫

278 私奴允必稱名人交嫁一所生奉化二所在婢奉

279 世三所生婢奉先四所生婢仁化五所生婢奉益

280 六所生婢奉伊爲等如産長後逐本役爲白良置

281 自現爲白去乎從母及錄案施行敎事其矣

282 違端多勿沙里亦吉德乙其母是如假稱孫?

283 爲白良置吉德矣四祖內良中置父從山是如

284 是如懸錄爲白有遣多勿沙里侤音內良中置

285 父從山是如爲有去等多勿沙里亦實爲吉德

286 所生是如中吉德矣父乙其矣父是如稱云爲

287 乎所不喩是白去乙多勿沙里吉德一父是白乎

288 其矣奸術分明爲白齊其矣侤音內父矣父乙

289 不知是如納?爲白在果必于無識賤人是

290 置其矣祖父名號乙知不得是白乎所萬萬

291 無理爲白去乎加于判然是如立旨及所志是置

292 有等以相考施行教味爲等如白侤音是臥乎在亦

293 向前多勿沙里亦李止道婢子不喩館婢的實

294 是如爲良置節元隻一時州上帳籍及靈岩官

295 賤案并以相考爲乎矣州帳段己夫丙子年爲始

296 父日守李順母良女鄭召史是如各年帳籍

297 昭然載錄爲有㫆李止道奴子允必帳籍段

298 去丁酉年爲始南北里戶奴允必年四十一丁巳妻良

299 女李召史年卅一丁卯父學生李順母良女從代是如

300 爲白置靈岩郡賤案段同多勿沙里母是如

301 稱名爲在吉德叱分載錄多勿沙里前後名

302 號吉德女子與否取實無據叱分不喩其矣

303 自現所志內矣母吉德是如爲有去等矣母子息

304 以萬無爲關婢之理爲㫆甲申年自現後

305 段置賤案不爲載錄爲㫆有李止道現納

306 成均館立案內奴而叛主投付他人其罪不

307 小是去乙更生奸計館良中投屬㫆不喩

308 其間奸爲果痛憤爲㫆吉德段戊寅年

309 貢案現付爲有乎矣子枝等段全不載錄是

310 如爲有去等加于館婢以論斷無據其叛主

311 投托爲良置七十餘歲老病之女子侤其年

312 老侤音良中拒逆不着各項違錯辭

313 緣詰問時段置閉口不爲萬答其子息等段專

314 數逃躱不現推閱決折無期爲置同訟事乙

315 何如爲良喩唯托書目內多勿沙里亦吉德所生

316 是如爲良置靈岩郡初亦自現時矣母吉

317 德是如爲有在如中吉德所生分明叱分不喩

318 其矣招內其母乙年五歲時身故是如爲乎矣

319 吉德段丙申年物故爲有在如中其矣招辭

320 大相抵語爲旀李順帳籍良中置良人

321 分明爲旀允必帳籍良中置良人以分明入籍

322 爲有去等其矣口說叱分以吉德所生指論無

323 據不得己刑推歸一事是乎矣多勿沙里亦

324 年過七十爲有去等窮詰不得事是昆

325 先可從帳籍李惟謙妻徐氏亦中決給

326 爲遣成均館粘移次以辭緣枚擧兩

327 件唯報向事回送是齊靈岩接婢多勿沙里亦

328 南平接李止道婢子不喩館婢是乎所相訟良賤推

329 閱牒報書目內多勿沙里亦吉德所生是如爲良置

330 靈岩郡初亦自現時儀母吉德是在爲有如亦中非吉德

331 所生分明叱分不喩其矣招內其母乙年五歲時身

332 故是如爲乎矣吉德段丙申年物故爲有在如中其矣

333 招辭大相抵語爲旀李順帳籍良中置良人分明爲

334 允必帳籍良中置良人以分明入籍爲有去等其

335 矣口說叱分以吉德所生指論無據不得己刑推歸一事

336 是乎矣多勿沙里亦年過七十爲有去等窮詰不得事

337 是昆先可從帳籍李惟謙妻徐氏亦中決給爲遣

338 成均館粘移次以辭緣枚擧兩件□報向事回送是乎

339 等用良粘移次以兩件成貼上決尾□□粘移到付

340 教回送是乎等用良上項所訟奴婢等乙良依回送導

341 良元告李止道亦中決給花名後錄爲遣合

342 行立案者

343 牧使(押)

344　　　　　　昌律生柳吐春〔手決〕

345　　　　　　准金禹悅〔手決〕

346　　　　後奴允必良妻多勿沙里并産

347　　　　一所生婢仁伊年四十九戊戌

348　　　　同婢一所生婢奉化年卅丁巳

349　　　　二所生奴奉世年卅八己未

350   三所生婢仁花年卄六辛巳

351   四所生奴奉先年卄三甲子

352   五所生婢奉益年卄一丙寅

353   六所生婢奉伊年十六辛未

미주

1장 : 1586년 노비소송 "나는 노비로소이다"

1 조선의 신분제에 관하여 법적인 개념임을 확인하면서 새로운 접근을 한 것으로 다음의 글이 주목할 만하다. 조우영, 「《경국대전》의 신분제도」, 서울대학교 박사학위논문, 2003; 「조선 초기 신분 제도의 사회적 위상과 관념적 구조」, 『법사학연구』 제28호, 2003. 10.

2 이 소송을 다룬 연구로 임상혁, 「1586년 이지도, 다물사리의 소송으로 본 노비법제와 사회상」, 『법사학연구』 제36호, 2007. 10; 김경숙, 「16·17세기 노양처병산법(奴良妻幷産法)과 노비소송」, 『역사와현실』 제67호, 2008. 3. 특히 267~272쪽.

3 이제현, 「櫟翁稗說」, 『益齋集』 II, 민족문화추진회, 1980, 40~41쪽, 원문. 이 이야기는 『고려사』와 『고려사절요』에도 실려 있다.

4 『한국구비문학대계』 4-2, 한국정신문화연구원, 1981, 204~205쪽; 『한국구비문학대계』 7-8, 400~404쪽.

5 목록과 발급처는 임상혁, 「16세기의 결송입안과 소송」, 『16세기 한국 고문서 연구』, 아카넷, 2004, 324쪽.

6 박병호, 「顯宗2年의 漢城府決訟立案」, 『韓國法制史攷』, 法文社, 1987, 초판 1974.

7 이들은 『古文書集成』 제6권(義城金氏川上各派), 한국정신문화연구원, 1989, 11~48

쪽에 수록되어 있다.

8 그 규명 과정은 임상혁, 「朝鮮前期의 民事訴訟과 訴訟理論의 展開」, 서울대학교 박사학위논문, 2000, 12~15쪽; 임상혁, 「1583년의 한 訴良事件과 壓良爲賤—允元·林慶秀소송문서의 분석을 중심으로」, 『고문서연구』 제21집, 2002. 12, 80~81쪽.

9 송나라 때 유안세(劉安世, 1048~1125)가 간의대부(諫議大夫)로서 직간(直諫)을 잘하여 전상호(殿上虎)라는 별명을 얻었다는 데서 기원하는 말.

10 甲戌. 拜弘文館修撰, 又拜司諫院正言. 一日, 上御經筵, 從容問曰: "卿等以予視前代帝王, 可爲何主?" 有對曰: "堯舜之君也." 公曰: "可以爲堯舜; 可以爲桀紂." 上曰: "堯舜桀紂若是其班乎?" 公對曰: "克念作聖; 罔念作狂. 殿下天資高明, 爲堯舜不難矣. 但有自聖拒諫之病, 拒諫非桀紂之所以亡乎?" 上動色改坐, 筵中震慄. 柳成龍進曰: "二人之言皆是也. 堯舜之對, 引君之辭也; 桀紂之喩, 儆戒之言也. 無非愛君也. 上爲之改容, 命賜酒而罷. 『鶴峯集』附錄, 「行狀」. 『국역 학봉전집』, 민족문화추진회, 1998~2001, 제3권, 40쪽, 원문.

11 『鶴峯集』附錄, 「行狀」. 『국역 학봉전집』 제3권, 42쪽, 원문.

12 『訒齋集』, 민족문화추진회, 1988, 407~408쪽.

13 『雲川集』, 민족문화추진회, 1988, 77쪽 이하.

14 『鶴峯逸稿』「北征日錄」. 『국역 학봉전집』 제5권, 23쪽, 원문.

15 『鶴峯續集』「與趙月川」(丙戌). 『국역 학봉전집』 제2권, 92쪽, 원문.

16 『鶴峯續集』「答權定甫[字]」(丙戌). 『국역 학봉전집』 제2권, 98쪽, 원문.

17 『訒齋集』, 408쪽.

18 『訒齋集』 407쪽에서는 이 재상을 송강 정철이라 하고 있다.

19 『국역 大東野乘』, 민족문화추진회, 1971~1982, 제6권, 6쪽, 원문.

20 이상 『연려실기술』 II, 민족문화추진회, 1966, 671쪽.

21 이때 지은 시들은 「錦城錄」으로 묶여져 있다.

22 『鶴峯續集』, 「與趙月川」(丙戌). 『국역 학봉전집』 제2권, 92쪽, 원문.

23 호문혁, 『民事訴訟法硏究』(제5판), 법문사, 2006, 160~162쪽.

24 1401년(태종 1)에 형조도관(刑曹都官)이 설치되었고, 1467년(세조 13)에 장예원(掌隸院)으로 개칭되었다. 노비종모법(奴婢從母法)을 채택하여 노비의 양처(良妻) 소생은 어머니를 따라 양인이 되도록 하는 등 양인층 확보를 꾀하는 정책이 시행되고, 노비의 추쇄(推刷)를 포기하는 조선 후기에 들어서면서 역할이 축소되어 1764

년(영조 40)에 사실상 폐지되었다.

25 『고문서집성』제33권(海州載寧李氏編), 190쪽; 「李涵·金士元奴婢訴訟立案文記」, 『경북지방고문서집성』, 영남대학교출판부, 1981, 551쪽.

26 두 책에서의 내용이 서로 큰 차이는 없으나 표현이 좀 다른 것으로 보아 인용한 전 거는 같지 않은 듯하다. 『연려실기술』에서는 『속옥로(續玉露)』를 출전이라 하고 있 는데 어떤 책인지 잘 알 수 없다. 『연려실기술』X, 903쪽. 보다 자세한 『목민심서』 에서의 기술은 다음과 같다. 辛應時按察湖南. 南原有一富民, 惑於左敎, 盡貲事佛, 施田於萬福寺, 授券永給, 以表其誠. 其後竟不免饑死. 只有孤兒行乞, 將朝夕塡壑, 具 狀訴官, 冀還施田, 累訟累屈, 往訴于按察. 辛公手批狀尾曰: "捨施田土, 本爲求福, 身 旣飢死, 子又行乞, 佛之無靈, 據此可決, 還田於主, 收福於佛." 一道稱快. ○案此判亦 粗叶韻. 『譯註牧民心書』IV, 다산연구회 譯註, 창작과비평사, 1991, 395쪽, 원문.

27 선조 6년 8월 1일. 전라순무어사(全羅巡撫御史) 신응시가 서울에 들어왔다. 그의 서장(書狀)에는 "도내의 수령들이 똑똑한지 아닌지, 또 청렴한지 탐학한지를 상세 히 듣고 보았습니다. 남원은 물산이 많고 땅이 넓어 예로부터 다스리기 어렵다고 했습니다. 부사인 정엄은 낯빛을 사납게 하거나 목청을 돋우지 않아도 서리들이 두 려워하고 백성들이 따릅니다. …"(全羅巡撫御史辛應時入京. 其書狀: "道內守令賢否 貪廉備細聞見, 則南原物衆地大, 古稱難治. 府使鄭淹不厲聲色, 吏畏民懷, …") 『조선 왕조실록』(국사편찬위원회 영인본, 이하 『실록』이라 함) 제21권, 266쪽.

28 1585년 1월 1일. 弘文館副提學辛應時卒. … 風神秀朗, 器局峻邁, … 恬靜自守, 不附 權貴, 不卑小官, 惟勤於職事. … 論議平正, 絶去倚着之私, …. 『실록』제25권, 540쪽.

2장 : 또 다른 노비소송 "나는 양인이로소이다"

1 이 과정을 다룬 것으로 韓相權, 「朝鮮後期社會問題와 訴冤制度의 發達」(서울대학교 박사학위논문), 『朝鮮後期社會와 訴冤制度』, 一潮閣, 1996.

2 이 사건의 시간적 정리에 대하여는 具㧾會, 「朝鮮中葉士族孽子女의 贖良과 婚姻— '眉巖日記'를 통한 사례 검토」, 『慶北史學』8, 1985. 9, 19~23쪽 참조. 또 이 사건을 다룬 주요한 논문으로 李成妊, 「朝鮮中期 어느 兩班家門의 農地經營과 奴婢使喚— 柳希春의 '眉巖日記'를 중심으로」, 『진단학보』80, 1995. 12가 있다.

3 1936~1938년에 조선사편수회에서 『미암일기초』란 제목을 붙여 5권의 활자본으로 간행하였기 때문이다. 여기서도 이를 참조하였다.

4 『각사수교』 〈형조〉. 『各司受教·受教輯錄·新補受教輯錄(규장각자료총서 법전편)』, 서울대학교 奎章閣, 1997, 영인본, 59~60쪽.

5 대소 관료로서 공·사노비를 아내나 첩으로 삼은 이의 자녀는 그 아버지가 장예원에 신청해서 사실을 확인하여 등록한 뒤, 병조에 이첩하여 보충대에 배속시킨다. "大小員人, [割註 생략] 娶公·私婢, 爲妻妾者之子女, 其父告掌隸院, 覈實錄案, [割註 생략] 移文兵曹, 屬補充隊." 《경국대전》 〈형전〉 賤妻妾子女條, 500~501쪽.

6 태종 17년 6월 27일, 『실록』 2, 176쪽.

7 《경국대전》 〈천첩자녀〉 조의 '대소 관료' 아래에 '와 양인'을 첨가하여 시행한다. "《大典》 〈賤妾子女〉條, '大小員人'之下, '及良人'三字添入行用." 『大典續錄·大典後續錄·經國大典註解(규장각자료총서 법전편)』, 서울대학교 奎章閣, 1997, 영인본, 222쪽.

8 타인의 노비인 경우 속신한 이후에 보충대의 장적에 올린다. "他人奴婢, 則贖身後補充隊錄案." 《경국대전》 〈형전〉 賤妻妾子女條, 501쪽.

9 만일 본주가 듣지 않으면 관청에 신고한다. "若本主不聽, 告官." 《경국대전》 〈형전〉 賤妻妾子女條, 500쪽.

10 "洪磻君望來訪, 余以海成納馬贖身事爲懇, 洪許之. 深喜深喜." 『미암일기초』 제1권.

11 16세가 지나도록 신청하지 않는 경우이거나, 신청서를 내고 3년이 지나도록 입안을 받아 제출하지 않는 경우, 보충대에 배속된 뒤 역(役)을 수행하지 않는 경우에는 다른 사람이 신청하여 다시 천인으로 돌아가게 할 수 있다. "年滿十六不告者, 告狀後過三年不立案者, 付案後不立役者, 許人陳告還賤." 《경국대전》 〈형전〉 賤妻妾子女條, 501쪽.

12 "右明文爲臥乎事段, 要用所致以, 京中居幼學李瀞處婢仇叱德三所生婢海明年十九戊午生·海歸年十五辛酉生乙, 買得爲有如乎, 同知柳教是, 孼女以, 不勝骨肉之情, 贖身爲良, 請懇說乙仍于, 海明年十九戊午生·海歸年十五辛酉生等貳口良中, 價折楮陸百張." 『미암일기초』 제5권, 250쪽.

13 "孼女四人, 俱得洗身爲良, 何幸如之."(1576. 11. 28) 『미암일기초』 제5권, 250쪽.

14 『삼설기』라는 제목은 총 3책, 각책 3편의 이야기로 이루어져 있는 데서 비롯한 것이라 여겨진다. 그리하여 「낙양삼사기」, 「황주목사기」, 「서초패왕기」, 「삼자원종기」,

「노처녀가」, 「노섬상좌기」, 「삼사횡입황천기」, 「오호대장기」, 「황새 결송」 등 9편의 이야기가 실려 있다. 하지만 이본들 가운데는 3책 2편본도 보이고, 일부가 따로 묶여 다른 책으로 출판된 것도 있다. 여기서 참조한 것도 1책으로 된 서강대학교 도서관 소장본 『황새 결송』이다. 판본 분석에 관해서는 이창헌, 「단편소설집 '삼설기(三說記)'의 판본에 대한 일 고찰」, 『관악어문연구』 20-1, 1995 참조.

15 임상혁, 「조선 전기의 민사소송과 소송이론의 전개」, 52~53쪽. 이를 깊이 다룬 것으로는 김경숙, 「16세기 請願書의 처리절차와 議送의 의미」, 『고문서연구』 제24집, 2004. 8 참조.

16 『역주 목민심서』 V, 374쪽, 원문.

17 『역주 목민심서』 IV, 392쪽, 원문.

18 《경국대전》〈형전〉私賤條. 세 번에 승소한 경우 수리하지 말며, 모든 소송에서 마찬가지다. "三度得伸勿許聽理, 「凡爭訟同…」" 『經國大典(규장각자료총서 법전편)』, 서울대학교 奎章閣, 1997, 영인본, 515쪽.

19 刑曹啓: "私婢者斤加以相訟婢子毆打其主李進山, 請依『大典』'奴婢毆罵舊家長條'論決." 命于領敦寧以上. 鄭昌孫議: "者斤加雖名爲李進山之婢, 然皆是誤決, 不可以'奴婢毆本主'論斷, 依刑曹所啓施行爲便." 尹弼商議: "者斤加雖不役於進山之家, 有得決立案, 毆罵本主情犯深重. 此風不可長也. 決杖一百流三千里以戒後人. 何如?" 洪應議: "李進山與者斤加奴主之分已定. 若或犯分罪在不赦, 令以'雇工毆罵舊家長'例論照, 得似爲歇後. 令刑曹商議改律定罪, 何如?" 盧思愼議: "者斤加雖本非進山之婢, 主掌官以婢子決給, 則進山乃其主也, 而敢行毆打當以'奴婢毆家長'律照得. 然者斤加自知本非其婢故相詰毆打, 與知是我知本主而毆打者異. 科以'毆罵家長'律減一等論斷, 則庶合情法." 李克培議: "李進山旣於高敞·務安掌隸院三受立案, 其時奴婢之分已定, 爲者斤加者姑從官決服事進山, 法所當然, 遽與女壻豆之毆罵, 此不可不懲. 臣以爲當以奴主之分論決, 以'奴婢毆罵家長'本律改照臨時上裁, 何如?" 尹壕議: "者斤加毆李進山在得決之後, 爲其本主明矣. 以'舊奴婢雇工毆罵舊家長'條論決未便, 改照, 何如?" 從克培議. 『실록』 10, 436쪽.

20 《경국대전》〈형전〉告尊長條. 자손, 아내, 첩, 노비가 부모나 가장을 고발하는 경우, 모반이나 반역인 것을 제외하고, 교형에 처한다. 노비의 아내나 남편이 가장을 고발한 경우 장 100에 유 3,000리에 처한다. 「註」 옛 노비나 머슴이 옛 가장을 때리거나 욕하거나 고발하는 경우, 각각 '가장을 때리거나 욕거나 고발한 죄'에서 2등급

을 낮춰 처벌한다. "子孫·妻妾·奴婢告父母·家長, 除謀反·反逆外, 絞. 奴妻·婢夫告家長者, 杖一百流三千里. 「註」舊奴婢·雇工毆·罵·告家長者, 各減毆罵舊家長律二等論." 《經國大典》, 493~494쪽.

21 凡律令該載不盡事理, 若斷罪而無正條者, 引律比附, 應加應減, 定擬罪名, 轉達刑部, 議定奏聞. 若輒斷決, 治罪有出入者, 以故失論. 『(校訂)大明律直解』, 朝鮮總督府中樞院, 신조판, 1936, 94쪽.

22 《명률》에는 奴婢毆家長條(〈刑律〉鬪毆)와 奴婢罵家長條(〈刑律〉罵)가 나뉘어 실려 있다. 노비가 주인을 때린 경우의 형은 참형(斬刑)이다. 『대명률직해』, 458쪽. 《경국대전》에서는 옛 노비가 옛 주인을 때린 경우에 이보다 2등급을 낮추기 때문에, 장(杖) 100에 유(流) 3,000리가 된다.

23 『역주 목민심서』 IV, 403쪽, 원문.

3장 : 법에 따라 심리한다

1 "詞訟奴婢, 原告·被論中, 自知理屈, 累月不現者; 再囚家僮後, 滿三十日不現者; 始訟後五十日內無故不就訟, 過三十日者, 竝給就訟者." 《經國大典》〈刑典〉私賤條, 515쪽.

2 비교적 근래의 연구인 沈載祐, 「18세기 獄訟의 性格과 刑政運營의 變化」, 서울대학교 석사학위 논문, 1995도 조선시대에는 민사와 형사가 제도적으로 구분되어 있지 않았다고 보고 있다(73쪽). 김선경, 「'民狀置簿冊'을 통해서 본 조선시대의 재판제도」, 『역사연구』 창간호, 1992, 139~140쪽에서도 거의 같은 입장을 보인다.

3 서일교, 『朝鮮王朝刑事制度의 硏究』, 韓國法令編纂會, 1968, 264쪽.

4 《經國大典》〈刑典〉推斷條. 형조(刑曹)·개성부(開城府)·관찰사(觀察使)는 유(流) 이하를 직접 판결하고, 각 아문(衙門)은 태 이하를 직접 판결한다. [주] ··· 장(杖) 이상의 죄를 저지른 경우 관찰사에게 이송하여 심리하도록 한다. "本曹·開城府·觀察使, 流以下直斷; 各衙門, 笞以下直斷. 「註」 ··· 所犯杖以上, 移文觀察使推斷." 하지만, 실제로는 수령이 관할하는 지방에서 장을 치기도 하였다. 《경국대전》, 485쪽. 『묵재일기(默齋日記)』 1554년 7월 29일. "이웃사람 수석(守石)이 사람을 모아 소를 때려잡는데, 매우 시끄러운 것이 너무 심하기에, 종을 시켜 잡다가 때려주었다. 이도(二

道)─판관(判官)─에게 글을 써서 기생과 간통하고 처를 때리며 시끄럽게 구니 벌을 줘서 다스려 달라 했더니, 잡아갔다고 한다. 『묵재일기』 30일. 이도(二道)가 수석의 죄를 장(杖) 60으로 다스리고, 기생 연대(燕代)도 또한 태(笞)로 벌 줬다고 한다. 『묵재일기』 上, 국사편찬위원회, 1998, 727~728쪽.

5 『경북지방고문서집성』, 528쪽. 『고문서집성』 제32권(慶州慶州孫氏) 130쪽에서도 원문을 수록하면서 1537년(중종 32)이라 달고 있는데, '嘉靖三十六年'의 '三'을 빠뜨리고 읽은 탓이다. 영인본을 봐서는 '三'이 있음이 뚜렷하다.

6 최근 『유서필지』의 번역본이 출간되었다. 전경목 외 옮김, 『유서필지』, 사계절, 2006. 책에 대한 상세한 설명은 그 해제를 참조.

7 아전에 대한 알기 쉬운 해설은 안길정, 『관아를 통해서 본 조선시대생활사』 상·하, 사계절, 2000 참조. 특히 하권, 15~76쪽.

8 『한국구비문학대계』 8-4, 253~267쪽(경남 진양); 『한국구비문학대계』 8-8, 204~205쪽(경남 밀양); 『한국구비문학대계』 8-10, 193~195쪽(경남 의령) 등에 같은 내용이 실려 있다. 다만 진양에서 채록된 설화에는 고창녕의 나이가 열세 살이다.

9 이에 대한 정리는 문숙자, 「朝鮮前期無子女亡妻財産의 相續을 둘러싼 訴訟事例」, 『古文書研究』 5, 1994. 5.

10 『고문서집성』 제6권, 15~22쪽의 사례. 이를 밝혀내어 소개·분석한 글은 文叔子, 「義子女와 本族 간의 財産相續紛爭」, 『古文書研究』 8, 1996. 3.

11 이 사안에 대한 분석으로는 지승종, 「16세기 賤妾子女의 신분결정─'安家奴案'을 중심으로」, 『現代資本主義와 共同體理論』, 한길사, 1987.

12 정긍식·임상혁 편, 『十六世紀詞訟法書集成』, 한국법제연구원, 1999에 『決訟指南』(일본 도쿄 國會圖書館 소장), 『詞訟類抄』, 『詞訟錄』(일본 도쿄 國立公文書館內閣文庫소장), 『聽訟提綱』, 『大典詞訟類聚』가 수록되어 있다.

13 스루가오유즈리본의 분배 경위는 「駿河御讓本と蓬左文庫」, 『蓬左文庫駿河御讓本目錄』, 나고야: 名古屋市鶴舞圖書館, 1962에 따른다.

14 이에 대한 연구로는 임상혁, 「조선 전기 법이론의 발달과 '大典詞訟類聚'」, 『법제연구』 18, 2000 참조.

15 최병조, 『로마법강의』, 박영사, 1999, 525쪽.

16 호문혁, 「19世紀 獨逸에 있어서의 請求權槪念의 生成과 變遷」, 『民事訴訟法研究』 I, 法文社, 1998, 108~110쪽.

17 린다 루이스는 전라남도 광주지방법원에서 1979년부터 1980년까지 13개월에 이르는 현지조사를 수행하였다. 이 가운데 민사 법정에서의 관찰 연구는 소액 사건과 단독 사건에 대하여 6개월간 실시하였다. 이 결과물은 1984년 Linda S. Louis, "Mediation and Judicial Process in Korean District Court"란 제목으로 콜럼비아대학 박사학위 논문으로 제출되었다. 이후 "Legal Counsel in Korea: Lawyers, Sabsopsosa, and the Realization of Justice", *Korean Studies* Vol. 13, Honolulu: University of Hawaii Press, 1989; "Institutionalized Conflict Resolution: Mediated Settlements and Judicial Rulings in Korean Civil Court"(Revisited for Presentation at the Second Meeting on Conflict in Korean at Korean University), November 24, 1989 등을 발표하였다. 우리 법조에 대하여 실제 현장 조사를 통해 연구한 것이란 점도 의미 있다. 함병춘도 재판 과정에서 "비공식적으로" 조정이 이루어지고 있음을 지적한 바 있다. Hahm Pyong-choon, "Decision Process in Korea", *Korean Jurisprudence, Politics and Culture*, Seoul: Yeonsei University Press, 1986, p. 116.

18 국민의 정서상 재판보다는 조정이 우리 사회의 병리현상을 더 효율적으로 치유할 수 있고, 우리의 정의 관념에도 맞으며, 아무리 잘못된 조정도 아무리 잘된 판결보다 낫다는 점을 실례를 통해 직접 확인할 수 있었다고 지적하는 지방법원장도 있다. 金鍾大, 「재판과 조정」, 『판례연구』 제12집, 부산판례연구회, 2001, 362쪽.

19 『동아일보』 2006. 11. 29, 14면.

4장 : 진실을 찾아서

1 《明律》〈刑律〉 告狀不受理條. "若詞訟, 原告·被論在兩處州·縣者, 聽原告就被論官司 告理歸結. 推故不受理者, 減犯入罪二等, 罪止杖八十." 이 규정을 명(明)의 사법제도가 심판기관을 선택할 수 있는 원고의 권리를 중시한 것으로 해석하기도 한다. 張晋藩主編, 『中國法制史』, 香河縣: 群衆出版社, 1991, 542쪽. 실제 운영은 알 수 없지만, 가능한 해석이다. 하지만 조선에서는 피고 소재지에 제소하는 것을 원칙적인 것으로 보았다. "爭訟事乙(을) 原告人果(과) 被告人果(과) 兩處各在爲去等(하거든), 原告人亦(이) 被告人矣(의) 所在官司進告對決爲乎矣(하오되), …" 『(校訂)大明律直解』(신조판), 朝鮮總督府中樞院, 1936, 486쪽.

2 이 이야기는 의병장 담산(澹山) 안규홍(安圭洪)의 일대기를 작품화한 서사시다. 1897년 몰락 양반의 후예로 태어난 안규홍은 머슴을 살다가 1908년 전남 보성 동소산에서 항일의병을 일으켜 싸웠으며 1911년에 체포되어 사망하였다.

3 박준규, 「勉仰亭宋純의 分財記고찰―奴婢名에 나타난 作名類型을 중심으로」, 『고시가연구』 19, 2007; 김정희, 「朝鮮後期社會에서의 奴婢에 대한 意識考察―土地·奴婢賣買文記에 나타난 奴婢名 분석을 통한 접근」, 이화여자대학교 석사학위논문, 1987 참조.

4 『역주 목민심서』 IV, 395쪽, 원문.

5 〈宰咸昌時摘奸〉 辛巳秋余宰咸昌. 有甲者來告曰: "老婆夜來逃去, 是必某里某乙誘引耳. 請推治." 卽逮來問之, 則初不服曰: "甲者花妻乃班婢, 而我爲媒者也. 豈有誘本妻與他之理乎?" 余問甲者曰: "爾何以知乙者之所爲耶?" 對曰: "吾家器用多在乙家故知也." 乙者曰: "彼賣我買耳." 余謂乙者曰: "甲者花妻, 卽爾所媒, 則本妻之於爾仇怨頗深, 將火爾屋. 況與交易乎? 雖減價賤賣, 當於他人, 不肯與爾對面論也. 今賣於爾, 是與爾妻情意相符, 聽其指揮耳. 誘引之狀, 明若觀火. 罪不可逃." 仍械杻其妻, 乙者無辭而去, 數日果推還. 蓋乙者之妻, 誘甲者妻, 將與族類, 而先以班婢嫁甲者, 使之不疑, 然後又瞯甲者宿花妻家, 得遂其計. 奸細之情不可測也. 向非認妬忌之常情, 而條陳其曲折, 難乎取服矣. 『泰村集』(『苦泉集. 晚翠集. 久庵遺稿. 泰村集. 五峯集』), 민족문화추진회, 1999, 253쪽.

6 이 소송과 관련된 법적 문제는 임상혁, 「1583년의 한 訴良事件과 壓良爲賤―允元·林慶秀 소송문서의 분석을 중심으로」, 88~89쪽 참조.

7 임상혁, 「1583년의 한 訴良事件과 壓良爲賤」, 87~89쪽.

8 『全羅南道靈巖郡邑誌與地圖冊』, 1899, 제20장, 2쪽. "元亮: 甲申十一月到任, 丙戌二月遞職. 趙景祿: 丙戌四月到任, 戊子二月遞職."

9 투탁에 관하여는 지승종, 「朝鮮前期의 投托과 壓良爲賤」, 『사회와역사』 제8권, 1987. 12 참조.

10 박병호, 「手決과 印章」, 『사법행정』 17-11, 1976. 11; 박준호, 「手決(花押)의 개념에 대한 연구―禮式으로서의 署名과 着押」, 『고문서연구』 20, 2002; 「조선시대 着名·署押양식 연구」, 『고문서연구』 24, 2004) 참조.

1 내수사의 폐해와 투탁을 이용한 노비 확보에 관하여는 지승종, 「조선전기 內需司의 성격과 內需司奴婢」, 『한국학보』 11-3, 1995 참조.

2 朝講. 執義辛應時啓曰: "羅州殺人罪囚李惟謙, 一道之人皆以爲曖昧, 萬口到處皆然. 臣雖未見推案, 而物情如此, 若無罪而死, 則有妨好生之政. 古有爲囚求生之說, 今若 更推, 則必有生道矣." 上曰: "然則然矣. 曖昧之事無耶, 更察爲之可也." 『실록』 제21 권, 269쪽.

3 "〈贈領議政行北兵使李公神道碑銘〉: … 公之剛明閒一道, 訟小大歸之, 庭亦無留." 崔 岦, 『簡易集』(『謙集. 坡谷遺稿. 簡易集』), 민족문화추진회, 1999, 236쪽.

4 E. Hoebel, *The Law of Primitive Man*, Harvard Univercity Press, New York, 1983, pp. 280~282.

5 제임스 팔레(James B. Palais)가 노예설의 대표자처럼 여겨지고 있다. 盧明鎬, 「한국 奴婢에 대한 비교사적 試論」, 『노비·농노·노예』, 一潮閣, 1998, 17쪽; 李榮薰, 「한 국사에 있어서 奴婢制의 추이와 성격」, 『노비·농노·노예』, 307쪽. 그 근거로서 팔 레의 *Confucian Statecraft and Korean Institutions: Yu Hyongwon and the Late Choson Dynasty*, University of Washington Press, 1996의 제6장 Slavery(pp. 208~273)를 든다. 여기서 의 노비에 대한 일반적인 기술은 유형원의 노비개혁론에 대한 이해를 위한 설명이 라 할 수 있다. 이를테면, 동산으로서 노비의 성격을 강조한 것은, 이어서 서술되 는, 사람을 재물로 여기는 것에 대한 부당함을 지적하는 유형원의 논변을 이해시 키기 위함이다. 물론 그도 일반적인 경향에 따라 노비를 slave로 번역하였고, 노비 가 세계사의 보편적인 노예의 특성을 보이는 점을 지적하였다. 이 점에서 그가 기 본적으로 노비를 노예로 보고 있다고 짐작할 수도 있겠지만, 노예설을 부정하는 입 장을 그가 이해하지 못하고 있는 것은 아니고, 그것을 논박하지도 않는다. 그리고 노비의 인격적인 성격을 부인하지도 않았으며, 노예의 범주를 설정하여 노비가 그 에 속한다는 논변을 전개한 것도 아니다. 노예론자로서의 그의 면모는 오히려, "A Search for Korean Uniqueness", *Harvard Journal of Asiatic Studies* vol. 55, No. 2, 1995, pp. 414~418에서 잘 나타난다. 거기서 그는 한국과 일본의 학자들이 한국의 전통 사회에 대하여 노예제 사회(slave society)라 부르지 않는 것을 두고, 후진성과 야만 성을 상징하게 될 우려 때문이라 지적하였다(p. 416).

6 논의의 전개 과정과 성과에 대하여는 全炯澤,「奴婢制度 및 그 變遷에 관한 諸說의 整理—朝鮮時代의 奴婢硏究를 중심으로」,『국사관논총』68, 1996, 131~135쪽; 이영훈, 앞의 논문, 383~401쪽 참조. 노비를 전호(佃戶)로 보는 주장도 있으며, 이영훈의 논문에서는 노비를 거주양태로 구분하는 종래의 관행을 비판하고, 입역(立役)과 납공(納貢)을 기준으로 분류한 뒤, 가내노비(家內奴婢), 가작노비(家作奴婢)는 노예였고, 작개노비(作介奴婢), 병작노비(幷作奴婢), 납공노비(納貢奴婢)는 농노였다고 주장한다.

7 朴秉濠,「近世의 土地所有權에 관한 硏究」,『韓國法制史攷』, 145~147쪽.

8 朴秉濠,「不動産訴訟法」,『韓國法制史攷』, 256~257쪽. 로마의 노예가 자신의 소송은 물론 타인의 소송을 수행할 수조차 없었던 것(최병조,『로마법강의』, 박영사, 1999, 533쪽)에 비추어보면, 이는 노비의 성격을 살피는 데 중요한 차이점이 될 수 있을 것이다.

9 "今我國以奴婢爲財. 夫人者同類. 豈有人以人爲財之理? 古者, 問國之富, 數馬以對. 是雖天子諸侯, 只是理人之任; 而未嘗以人爲己財物也. 今本國之俗, 則問人之富, 必以奴婢田地爲言. 於此亦可見其法之非而俗之痼也. 我國奴婢之法, 其事理是非, 本非難知, 而凡人則各蔽於目前私意, 皆以爲難改矣. 若夫人君, 則代天理人. 國是吾國, 民是吾民. 豈可更於其間, 別作奴婢, 以害吾民乎? 因此侵及隣族, 流毒庶, 是自病其國也. 其爲得失不待言而見矣. 此則欲改便改, 元無難事."

10 "況王者莅民, 無貴賤無內外, 均是赤子. 曰奴曰婢區而分之, 豈一視同胞之義也? 內奴婢三萬六千九百七十四·寺奴婢二萬九千九十三, 幷許爲良民. 仍令承政院聚奴婢案, 火之敦化門外. 其貢有需於經費者, 命壯勇營代給, 以爲式. 於戲! 予豈敢曰惠之云乎哉? 特先朝未卒之志事, 修而明之耳. 自玆以往維千萬年, 安其田廬, 守其墳墓, 婚姻以時, 生齒日息, 稼穡不愆, 嬉遊謳歌." 순조 1년 1월 28일,『실록』제47권, 362쪽.

11 〈贈領議政行北兵使李公神道碑銘〉『簡易集』I, 236쪽, 원문.

12 선조 37년 윤9월 10일,『실록』제24권, 668쪽.

13 相訟呈狀, 則隻人推捉後, 始訟捧侤音, 依法例爲之; 不關相訟, 則兩邊推覈後, 呈狀粘連立旨, 題給於勝者可也. 自願依法例決立案, 則聽. 立旨決折, 則勿捧作紙; 依官式決折, 則依式捧作紙. 或木或紙, 隨自願捧之, 而亦勿點擇.

14 民人呈狀, 隨來隨捧. 民有面訴, 則狀辭題畢後, 專意詳聽. (一日內, 民人面訴隨到, 累次進來聽之. 聽時, 每停雜公事而聽之. 一人累次面訴者, 亦詳聽至於二三度, 終不可

聽者, 乃出送) 民人呈狀, 勿爲付色, 而這這推覈決之. 可許則許之; 不可許則不許. 勿
爲遷延.

15 〈梁松川法外決訟〉梁松川剌晉山, 有人呈訴曰: "小童某到家竊襪, 請推之." 問曰:
"小童於汝族否?" 曰: "從弟也." 卽令相訟, 元隻取招, 一如訟法, 終焉立案, 歸襪於
主, 仍徵作木一疋. 襪主告以太重. 決笞五十, 急徵其木, 以畀小童. 蓋嫌切親之間
爲細碎呈狀. 故爲此別樣擧措, 雖非規矩, 而豪放之意, 殺活之能, 亦可想矣. 高尙顔
(1553~1623), 『泰村集』「效嚬雜記」.

16 子曰: "聽訟, 吾猶人也. 必也, 使無訟乎!" 『論語』「顔淵」편.

17 이 때문에 외국 학자의 눈에는, 사법절차에 압도된 가난하고 착한 사람들의 권리를
지켜주는 민중의 법률가상(像)이 사법서사(현재는 법무사)에게서 나타난다. Linda
S. Lewis, "Legal Counsel in Korea: Lawyers, Sabopsosa, and the Realization of Justice",
Korean Studies Vol. 13, Honolulu; University of Hawaii Press, 1989, p. 124. 사법서사는
변호사 없이 법정에 서야 하는 사람들에게 법관 앞에서 자신의 주장을 잘 펼 수 있
도록 지도함으로써 '정의를 실현'하기 때문이다.

18 Hahm Pyong-choon, "Decision Process in Korea", *Korean Jurisprudence, Politics and Culture*,
Seoul: Yeonsei University Press, 1986, p. 118.

19 ibid., pp. 110~112.

20 함병춘은 이러한 견해를 오래전부터 견지하였다. 전통 사회에 대한 그의 시각은
"Religion and Law in Korea", op.cit., p. 179(1969년 발표)에서 "신의 은총보다는 인
간애를, 구원보다는 법열(ecstasy)을, 정의보다는 평화를, 진실보다는 조화를, 판결보
다는 화해를 선호한다"는 표현으로 잘 나타나 있다.

21 Hahm Pyong-Choon, "Decision Process in Korea", pp. 95~96.

22 "The Impact of Traditional Legacies on the Contemporary Judicial Process in Korea",
op.cit. 등에서도 같은 견해를 피력하고 있다.

23 川島武宣, 『日本人の法意識』, 東京: 岩波書店, 1997, 초판 1967, 127~136쪽. 가와
시마는 제2차 세계대전 전후(前後)의 토지 및 가옥 임대차의 분쟁 건수와 그것들
이 소송과 조정으로 해결되는 건수 등에 관한 통계작업을 진행하였으며, 국영·민
영 철도와 택시회사에서 발생한 사고가 소송으로 나아가는 비율도 조사하였다.
그 결과 소송을 통해 해결되는 건수가 매우 미미한 정도임이 나타나게 되었다. 특
히 1961~1965년까지 두 민영 철도회사에서 발생한 사건 가운데 재산 사건은 어

느 것도 소송이 되지 않았다. 그리고 또 다른 민영 철도회사에서는 1960년 4월부터 1960년 9월까지 145건의 사망, 상해 사건이 발생하였지만 한 건도 소송이 진행되지 않았다. 그는 이 원인이 고액의 변호사 수임 비용, 소송 진행에 소요되는 시간 등의 문제도 있지만, 근본적인 원인은 소송에 대한 일본인들의 법의식에 있는 것으로 분석하였다. 곧, 서구로부터 이식된 재판제도는 흑백을 뚜렷하게 정함으로써 우호적인 협동체적 관계의 기초를 파괴한다는 것이다. 그리하여 평화로운 협동 관계를 유지하고자 하는 문화적 전통 때문에 일본인들은 소송하기를 싫어하고 그보다는 조정과 화해를 선호한다는 분석을 하였다.

24 Kung-chuan Hsiao, *Compromise in Imperial China*, Seattle: University of Washington Press, 1979(John Owen Haley, *Authority without Power: Law and Japanese Paradox*, New York; Oxford University Press, 1991, p. 23에서 재인용).

25 Stanely Lubman, "Mao and Mediation: Politics and Dispute Resolution in Communist China", *California Law and Review* 55(5), 1967(Laura Nader, "Styles of Court Procedure: To Make the Balance", *Law in Culture and Society*, Berkely & Los Angeles, California: University of California Press, 1997, 초판 Chicago, Ill.: Aldine Pub., 1969, p. 84, 각주 3에서 재인용); Jerome Alan Cohen, "Chinese Mediation on the Eve of Modernization", *California Law Review* Vol. 54, 1966도 동일한 시각을 갖고 있다.

26 Haley, op.cit., p. 23.

27 ibid., p. 83.

28 ibid., pp. 86~87.

29 Frank UpHahm, *Law and Social Change in Postwar in Japan*, Cambridge: Harvard University Press, 1987, 특히 p. 169 이하.

30 渡部保夫 외 4인, 『現代司法』, 東京: 日本評論社, 1999, 210~218쪽에서는 가와시마의 견해를 ① 문화설, 변호사 등 법률 서비스의 미확충을 지적한 헤일리의 연구를 업햄의 견해와 묶어 ② 기능부전설(機能不全說), 소송의 결과가 거의 예견됨을 지적한 견해를 ③ 예측가능성설(豫測可能性說)이라고 설명하고 있다.

31 전경목, 「朝鮮後期山訟研究」, 전북대학교 박사학위논문, 1996; 김경숙, 「조선 후기 山訟과 사회갈등 연구」, 서울대학교 박사학위 논문, 2002 등.

32 한 예로 1909년부터 경성구재판소(京城區裁判所)에서 판사(判事)로 재직했던 다다(多田)는 소송을 통해 고양된 한국인의 권리 의식에 놀라고 있다. "韓國人이 대단

히 權利思想이 발달해져서 아무 것이나 直時訴를 提起한다고 하는 그런 感이 들었읍니다. 그 例로서 재미 있는 한 사건을 말씀드리자면 시골의 소 싸움에 관한 것으로 어느 사람이 소를 밭에 매두었는데 그 소가 고삐를 끊고서 다른 사람의 소에 傷處를 입혔읍니다. 이렇게 돼서 損害賠償의 訴가 제기되었읍니다. 이러한 일로 朝鮮人間의 權利思想이 발달했다고 하는 감을 이르켰습니다." 南基正譯, 『日帝의 韓國司法府侵略實話』, 育法社, 1978, 150쪽. 이 책은 1940년 도쿄의 법조회관(法曹會館)에서 한말과 일제 초기에 한국의 사법 각계 요직에서 근무했던 10여 인이 모여 그때의 경험을 회고한 것에 대한 속기록을 번역한 것이다(13쪽 참조). 문투와 맞춤법을 고치지 않고 그대로 인용하였다

33 Hahm Pyong-choon, op.cit., p. 117.

34 임상혁, 「소송 기피의 문화전통에 대한 재고와 한국사회」, 『법과 사회』 25, 2003. 12 참조.

35 1909년 11월부터 1910년 9월까지 통감부 사법청 장관, 1910년 10월부터 1913년 9월까지 총독부 사법부 장관을 지냈다. 朝鮮總督府法務局法務課, 『朝鮮ノ司法制度』, 1936, 99쪽의 표 참조.

36 「韓國ニ於ケル司法及監獄ノ制度」(倉富勇三郎文書 30-17). 통감부 사법청의 표시가 있는 용지에 1910년 8월 2일에 데라우치 통감에게 올리는 것으로 되어 있다. 글씨체가 깔끔한 것으로 보아서 보고 직전의 최종 초안이라 여겨진다. 구라토미 유자부로 문서(倉富勇三郎文書)는 일본 국회도서관 헌정자료실에 보관되어 있다.

37 『朝鮮ノ司法制度』, 19쪽. 상급법원까지 포함한 수임.

38 Linda S. Lewis, "Legal Counsel in Korea: Lawyers, Sabopsosa, and the Realization of Justice", *Korean Studies* Vol. 13, Honolulu: University of Hawaii Press, 1989, p. 124.